河北省高等学校人文社会科学重点研究基地经费资助

易水访碑记

潘新宇 编著

河北大学出版社
·保定·

出 版 人：朱文富
责任编辑：韩立霞
书名题字：吴磬军
装帧设计：张彦琪
责任校对：兰彩红
责任印制：常 凯

图书在版编目（CIP）数据

易水访碑记 / 潘新宇编著 . -- 保定 ：河北大学出版社，2021.11
ISBN 978-7-5666-1825-2

Ⅰ . ①易… Ⅱ . ①潘… Ⅲ . ①碑刻－汇编－易县
Ⅳ . ① K877.42

中国版本图书馆 CIP 数据核字 (2021) 第 001446 号

出版发行：河北大学出版社
地址：河北省保定市七一东路 2666 号 邮编：071000
电话：0312-5073033 0312-5073029
邮箱：hbdxcbs818@163.com 网址：www.hbdxcbs.com
经 销：全国新华书店
印 刷：保定市北方胶印有限公司
幅面尺寸：185 mm × 260 mm
张：11
数：210 千字
次：2021 年 11 月第 1 版
次：2021 年 11 月第 1 次印刷
号：ISBN 978-7-5666-1825-2
价：66.00 元

序　言

谢　飞

近日，易县文物工作者潘新宇将其碑刻研究专著《易水访碑记》书稿惠示，邀我作序。我作为一个文博考古界的老同志，对碑刻研究却着力不多，本不想应承此命，但念及与新宇夙为同道，贞石碑刻亦为金石学会研究领域，确不可拂其诚意，故将阅读书稿之后的感受，谨具数言以叙。

由于工作关系，本人有幸广泛接触和深入了解易县。易县历史悠久，文化灿烂，是“燕赵大地”的重要地标，被联合国命名为“千年古县”。古老的易水便是这具有悠久人类文明历史、丰富文物遗存和厚重文化之易县的代名词。碑刻在易水文化中占有重要地位，《全唐文》《唐文续拾》《金石萃编》《八琼室补正》等对易县碑刻多有著录。1930 年，孟桂良随马衡教授率领的燕下都考古团来易县，发掘工作之余寻访易水碑刻一百余种，所著《易县碑目》发表于 1937 年燕京大学《考古学社社刊》第六期，为后世寻碑读碑的范本。《易县志（1989—2005）》存目碑刻 125 通，可见易县碑刻的历史概貌。

新宇多年奔走在文物保护第一线，具有搜集梳理和研究著录本地碑刻的优越条件，经过多年努力，形成今天的成果。本书收录文章 20 余篇，著录碑刻 30 余通。通览书稿所见，皆汗水之结晶，心血之凝聚。最早的一篇《潘世荣墓与“白杨潘”世系考略》成于 2011 年，从祖茔碑刻入手，论述文物概况、姓氏起源、家族传续、史实轶闻。此后的数年中，新宇将慎终追远之情，倾注于家乡优秀历史文化保护传承，碑刻研究成果为人称道。仔细品读，不难发现本书的三个特点：

一是尊重传统规范，严谨扎实科学有效。研究方法和内容录注符合金石考据的传统规范要求，“采录遗文、校补阙疑、考订史实、释读词章”四个环节工作扎实有效。著录的30多通碑刻中，7通为馆藏，其余多散存于山野。新宇北上八百山，南登棋盘坨，西达云溪院，东至武阳台，足迹几乎遍及全县，访查之艰辛不难想象。六门堂凌虚观碑、津田峠碑等8通碑刻因新宇之访纳入文物部门保护管理视野，抢救性记录了唐易州长兴寺佛顶尊胜陁罗尼舍利之幢、金代进士张庭玉撰文的六门堂凌虚观碑、清雍正进士单钰撰文武阳台兴善寺碑等严重残损碑刻的遗存文字。在文字校补和不常见字整理方面成果丰硕，以《唐文续拾》等典籍为参照，对大唐铁像碑、张孝忠再葺池亭记碑进行文字校补，其中张公再葺池亭记校补阙疑文字达80多个；从明代碑刻中，发现不常见碑异字应用实例20多个，这些发现对国家正在推进的古文字整理工作大有帮助。大部分碑刻制作了拓片资料，留存了重要历史信息。

二是融合研究手段，致力成果普及应用。本书是一部具备专业水准的普及性读物。在论述方法上，作者引入考古发掘的技术思想，按照传统规范，在“采、校、考、释”四个环节中，以采录遗文为首要任务，相当于考古发掘区域定位，然后参照考古发掘“逐层揭露”的顺序，做好后续工作，并配合外延勘探调查，论证过程清晰，结论易于理解。在研究对象描述上，借鉴文物普查记录规范，扩展了“碑刻放置地点”义项的内涵，完善现实所处自然、人文环境，历史和实时保护状况等内容。书中调查、发现过程的记述是鲜活的实时资料，可佐史征，有关云溪院谢氏族人、纯真宫郝氏父子等保护文物的记载，增加了论著的亲和力和示范影响力，具有引领保护文物良好风尚的现实意义。在行文体例上，有别于严谨规范的学术著作，采用通俗的记叙说明文体，同时不计个人毁誉，放弃“原样照抄，不加标点”的“稳妥”做法，所录碑文均施以句读，并且大都使用精当，方便不同学识背景的人士阅读，有利于研究成果的普及应用。

三是注重文史互鉴，碑刻文献价值彰显。与一般意义上的碑刻研究著作相比，此著更加关注历史研究，文物和史料互鉴相善，使碑刻的文献史料价值得以充分显现。作者调查中，发现了元朝第五代道教掌门王志坦所建宫观纯真宫、从元初至1955年传承脉络清晰的佛教临济宗寺院云溪院，解决了县重点文物保护单位云溪院塔的营建年代问题。对《纯真宫记》的研读，可校正《易县志稿》的8处不当记录。对易州清真寺匾文石刻的系统论述和考证，释读出民族团结进步和文明交流互鉴的时代文化精神。从《铁像碑》中，释读出开元年间易州刺史卢晖勤奋务实的为政风格和注重基础设施建设、加强基层地方治理、尊重和利用自然的治郡方略，不仅是对历史的陈述，于今亦具有重要的现实借鉴意义。特别是依据镇国寺造像题记等文物实证和史籍记载，论证《隋书》“开皇十六年（596）置易县”之误，对于校订易县建置史有重要价值。

通过对30多通碑刻匾文的采录释读，使悠远的历史信息得以保存延续，历史文物中的时代价值得以体现，是新宇让这些陈列在易水流域广阔大地上的文化遗产活了起来。习近平同志强调指出：“要高度重视考古工作，努力建设中国特色、中国风格、中国气派的考古学，更好认识源远流长、博大精深的中华文明，为弘扬中华优秀传统文化、增强文化自信提供坚强支撑。”党的十九届五中全会，确立了到2035年建成社会主义文化强国的战略目标，将文物古籍保护、研究、利用作为提高国家文化软实力的重要举措。我们相信，新宇一定会以实际行动落实总书记嘱托和五中全会精神，践行文化工作者使命，在访碑路上迈出更加坚定的步伐，开拓更加广泛深入的研究领域。值此书稿付梓之际，谨以文化工作同道的名义，祝愿新宇取得更加丰硕的研究成果，为弘扬中华优秀传统文化做出更大贡献。

与新宇同志共勉，是为序。

2021年6月

（作者曾任河北省文物研究所所长、河北省文物局副局长。现为河北省政府文史馆馆员，河北省金石学会会长，河北师范大学历史文化学院特聘教授、博士生导师）

凡　例

一、本书为普及性读物，以易县区域历史遗存碑刻为研究对象。坚持辩证唯物主义和历史唯物主义观点，实事求是，客观反映研究对象的相关信息和调查研究过程。

二、研究工作的任务是采录遗文、校补阙疑、考订史实、释读词章，促进文物保护和文化内涵发掘。以采录碑刻文字、记录保护状况为基础，所辑碑刻均施以句读。碑刻内容释读考证，以行文为主，选取代表性碑文和引证内容集中附注。

三、文章排列以碑刻年代为顺序。一篇文章记述一个区间或同一事件不同年代关联碑刻的，以最早的为排列依据。

四、碑刻录文均使用现行字体，个别不能显示的除外。需要引证说明的异体字、繁体字在行文或注释中释明。

五、录文中遇有缺损或不可辨识的字，每字用一个“□”标示，不能确定缺失字数时，用“……”标示。碑文正文以“/”标示分行，其他部分以内容完整为标准，不再标示。

六、重要参考资料，在行文引述时说明出处，必要时加注脚注。在书末列主要参考文献。

目　　录

易县镇国寺隋代造像题记简读
暨易县建置年份考略

镇国寺石佛位于易县解村，隋开皇十一年（591）立，为河北省重点文物保护单位。石佛为释迦牟尼立像，汉白玉质，地表以上高4.95米，立于仰莲座上。佛座所刻《权永等造像题记》及与之相关的《马长和等造像题记》，可补证《隋书》等史籍阙疑。故以文物为据，典章文献为凭，简读题记，并对易县建置年份试加考订。

一、实物概况及文献记载

《权永等造像题记》久深埋土中，难见真容。第二次全国文物普查时，时任易县文物保管所所长张洪印与普查员于常林等拓得一纸，现藏于易县博物馆，珍贵资料可资证史。今存拓本高44厘米，宽143厘米。文字自右向左竖排，虽多处漫漶，但文义大略可通。北京图书馆藏有《马长和等造像题记》拓片，拓本高26厘米，宽85厘米，图片载于中州古籍出版社1989年版《北京图书馆藏中国历代石刻拓本汇编》。

辑成于20世纪30年代之《易县志稿》和《易县碑目》，为目前所见关于《权永等造像题记》的最早著录。据《易县碑目》所记，《马长和等造像题记》在清光绪后期收入缪荃孙《艺风堂金石文字目》。

《易县志稿》载："权永等造石佛像石刻，在县南二十五里解村寺内，像高一丈八尺，白石为之。佛座下石刻大隋隋国、易州易县，不记年月，后记造像人姓名。文四十行，行十二字，有不足行者。今可读者三百三十五字。此石刻高一尺六寸，宽六尺强。久埋土中，近始拓得之。""马长和等造菩萨像石刻，在解村镇国寺大石佛旁菩萨像侧面，石刻文记大隋开皇十一年，易州易县固安凌云乡民诣定州洪山，敬造玉石大像，一佛二菩萨，后列菩萨主马长和等题名。此石刻高一尺强，宽三尺二寸，文三十一行，行九字，共二百六十七字。"①

---

① 寿鹏飞：《易县志稿》，学苑出版社1990年影印版，第880—881页。

二、题记录文

（一）《权永等造像题记》（如图 1 所示）

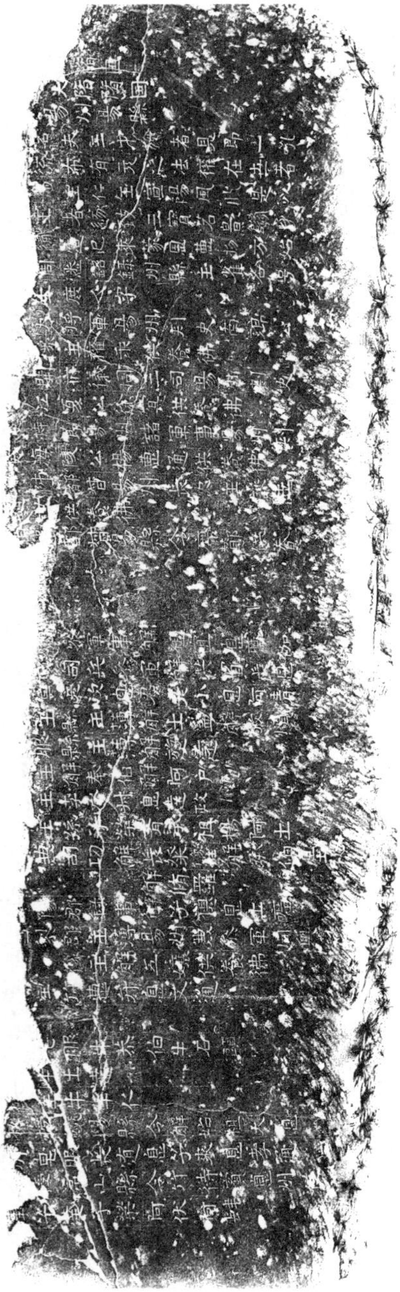

图 1 《权永等造影题记》拓片

隋国/大隋隋国/易州易县/若夫三才施者，见即一吼。/流布有元之法，权在世者/为主。仁主宣阳风化，是以/主者遂致三宝，若影随身。/建造已来，蒙恩惠物，方始/周悉。铭录州县主雀名号、/士庶人字：/

大将军、易州刺史、南乡公、/像主权永供养佛。/开府仪同三司、易州刺史、/江夏公徐寔供养佛。/使持节易州诸军事、易州刺/史、海陵公杨惠通供养佛。/□□都督，易州长史王诞陆、/诞世供养佛。/□□都督、易县令㢊鄚供养。/□参军事解祖宜，息磨伽；/□司兵马参军解洪宾，长息/宣彦、次息君彦、小息阿清；/主，县主簿解士益、解敬慎；/□服、县主簿解游远；/主，解奉伯，解阿户；/主，李承叔，息达政；/主，孙子荣、齐承祖、杨阿士；/兼司功解长粲；像主，解承伯，息士□，/解修罗；/□阳郡录事解子禛，息士旷；/昌黎郡主簿、易州兼参军同兴；/像主解五娘供养佛。/像主竹惠弁，息文通；/皂服牛恭伯、牛石头、/牛士达；/主，牛半仁；/□授饶阳县令解始祖，大息/□，皂服长随，息子来，息孝通；/□授常山县令竹待宾，息州从/事子汉、子荣、阿伏、阿肆。

（二）《马长和等造像题记》（如图 2 所示）

大隋国开皇十一年，易/州易县固安陵云乡民，/以地居蕃首，北与沙漠/以相连，齐阙周通，宇文/治末，遂使拔乱未厘，岑/军不狄，乃致突厥抄掠，/此间父南子北，全亡不/练。见在之徒，忽遇/杨帝开皇，万里大定，三/宝兴世，振威暇及。至十/一年，斯人内怀桑椹之/思，采访强止（址）。同业功德，/往诣定州洪山，敬造玉/石大像，一佛二菩萨，有/牧运来。佛像丈八，七宝/□成，类真形，如相好。凡/人睹见，不觉崩腾如顶/礼。州主南乡公亲来奉/斋，正容合堂，割舍禄物，/上下劝成，光兹士庶。以/此功德，仰报皇恩。慈威/之泽，下及法界三有众/生，貌异心同，希望共善。/上仪同三司、左卫修政府/车骑将军、菩萨主马长和，都督、司兵参军李昌，/都督任游道、刘永裕，/菩萨主陈世通、母史晖，/菩萨主杨上仙、父洪度，/□长伯、周兴达、朱通仁。

图 2 《马长和等造影题记》拓片

三、题记补史信息释读

两方题记文字简练，历史信息丰富，结合相关资料，可对古今史籍资料的部分义项予以完善和修订，对研究区域历史有重要参考作用。如《易县碑目》所云：“南乡公之名，不见于州志，《隋书·本传》亦并无其姓名。至若开府仪同三司、易州刺史、江夏公徐寔，使持节易州诸军事、易州刺史、海陵公杨惠通，都督、易州刺史王诞，都督、易县令㢙鄚均史志所未载，足补史乘之缺。”① 尤其在以下四个方面，可提供具体参考。

（一）校核《易县碑目》等文献的相关内容

《易县碑目》称《马长和等造像题记》“廿八行，行九字，唯第八行七字，第九行八字，第廿三行无字，第廿四五两行十字”。对照北京图书馆所藏拓片核对，如《易县志稿》所记，共 31 行文字；所列特殊行次中，第九行

① 孟桂良：《易县碑目》，载《北平燕京大学考古学社社刊》1937 年第 6 期，第 206 页。

可见“杨帝开皇，万里大定，三”等9字；无字的为第二十四行，刻书10个字的两行是第二十五和二十六行。对菩萨像主南乡公的名字，《易县碑目》载为“权求”，核对易县博物馆藏《权永等造像题记》拓片第十二行第4字，字迹清晰，当以《易县志稿》所载“永”字为确。

1930年孟桂良访查时，亲见《马长和等造像题记》所依附之菩萨像“在解村镇国寺”，为“一佛二菩萨”之东配像，指出：“《艺风堂金石文字目》卷二著录，误为在房山。”《北京图书馆藏中国历代石刻拓本汇编》将拓本出处亦载为房山。① 二者均应据实更正。

（二）补正《易县地名资料汇编》有关解村的记述

1983年，易县地名资料办公室辑印《易县地名资料汇编》，其中236页记述镇国寺石佛所在的解村：“解村始建于明代。传说有一年中易水泛滥，冲来一尊巨大石佛，被泥沙阻于此，乡人称之为‘歇佛’。此后附近村民动用大批人役将石佛立起，集资在歇佛之处修建了镇海寺（今称镇国禅寺）一座，并有人定居此地，将村庄定名为‘歇村’，后演变为解村。”《权永等造像题记》中，造像供养人列名者共四十多人，其中解祖宜等解姓族人二十余位，占造像供养列名者的半数。孟桂良《易县碑目》认为：“末镌本村解氏一门，题记亦研究宗族社里故实之绝好材料也。”据此推断，解村之名应当源自铭文中众多的解氏族人，属首居姓命名方式。解村村南有两处战国时期居住遗址，可见筒瓦、板瓦、陶鬲、陶豆等生活器具残片。以上文字和实物资料表明，解村的人类定居历史远早于明代，不晚于战国。

（三）勘定《易县志稿》质疑的相关问题

《易县志稿》在记述《权永等造像题记》时称“不记年月”，《马长和等造像题记》中“州主南乡公，亲来奉斋”的表述，说明两方题记所载为同一事件，产生于同一时间，从而可以确认镇国寺石佛造像的年份。

《易县志稿》在卷二“历史沿革”项下，依据《马长和等造像题记》的时间、地名信息，提出了易州建置史的质疑：“州县并设，非待开皇十六年始改称易州也。”② 查阅《隋书·地理志》等相关记述，所质疑问题存在偏差。《隋书》记载：“上谷郡，开皇元年置易州，统县六，户三万八千七百。易，开皇初置（昌）黎郡，寻废，十六年置县。”③ 所记开皇十六年（596）置的是易县，所以提出质疑的应当是易县的建置年代，结合本志有关易县历史和名称沿革的相关记述推断，可能是志稿抄录时笔误所致，当

① 北京图书馆金石组：《北京图书馆藏中国历代石刻拓本汇编》，中州古籍出版社1989年版，第九册第75页。

② 寿鹏飞：《易县志稿》，学苑出版社1990年影印版，第172页。

③ ［唐］魏徵：《隋书》，中华书局1973年版，第857页。

予更正。

（四）探讨《隋书》等关于易县建置的记载

《隋书》是目前可见最早记载易州、易县建置的史籍，《元和郡县图志》以及明弘治年以后易地州县方志，多据《隋书》所记：开皇元年（581）置易州、开皇十六年置易县。易州建置年份，史籍记载和文物实证均无异议。易县博物馆存《大隋持节上开府潞州刺史宜国公铭》拓照，铭文显示，墓主人宋忻开皇元年即任易州刺史。关于易县建置年份，《马长和等造像题记》开篇“大隋国开皇十一年，易州易县……”之记，足证“易县，开皇十六年置”不确。

四、易县建置年份辨析

易县建置的具体年份释疑，是一个历史课题。明弘治十五年（1502）戴敏主修之《易州志·卷一》虽依《隋书》之说，但是第二页“建置沿革”条目小序中坦言：“旧志沿革颇略，今考史传所载，具著于篇间。有疑误，粗加辩证，然不敢直决，尚俟知者正焉”。对后人考订辨析建置史寄予期望。民国《易县志稿》对此有所回应：“名称沿革”条目记述，“晋太和初改名固安，亦称故安。北魏后曰故安，然往往故、固通称，又于此置营丘郡。隋开皇初始改称易州，仍设易县隶焉”①。“历史沿革”条目按语辨析认为，“又据解村镇国寺隋初佛像石刻，则隋初既称易州，下又设易县，州县并设”。

《隋书·地理志》记载：“上谷郡，开皇元年置易州，统县六。”易县居首，项下记载：“开皇初置昌黎郡，寻废。十六年置县。大业初置上谷郡。旧有故安县，后齐废。”② 与《隋书》同成于唐代的《元和郡县图志》则将“大业初为上谷郡”记载于“易州”项下。③ 弘治《易州志·卷一》第三页后半页记：“后周置燕、范阳二郡，易之沿革盖不可详。隋开皇元年置昌黎郡，寻废为易州，十六年置易县。大业初，州废，仍上谷郡。”史籍之中州县记载内容相互交合，《易县志稿》称“州县并设”应有据。

《隋书·百官志》记载，隋初，设置州郡县三级地方行政机构，行政长官称刺史、太守、令，州郡县，皆设光初主簿、主簿。各州设有参军事或行参军事。州刺史属官有郡正，郡太守属官有县正，“两正”列为上级属官，乃沿袭北齐、北周惯例。④《权永等造像题记》列名者中，以时任易州刺史主权永居首，其后之江夏公徐寔、海陵公杨惠通两位刺史当为其前任，表明列名者可记曾任之职；接着列名者职衔为易州长史、

---

① 寿鹏飞：《易县志稿》，学苑出版社1990年影印版，第182页。
② ［唐］魏徵：《隋书》，中华书局1973年版，第858页。
③ ［唐］李吉甫：《元和郡县图志》，中华书局1983年版，第515页。
④ ［唐］魏徵：《隋书》，中华书局1973年版，第783页。

易县令，中间没有郡职官员，与废昌黎郡的记载吻合。后面所列昌黎郡主簿、易州兼参军同兴，其职衔为曾任之职，同时担任州郡两职，符合隋初官制。此记表明，昌黎郡为易州所统。

昌黎郡沿革，见于《隋书·地理志》。辽西郡所辖“柳城”条目记载：后魏置营州于和龙城，即今辽宁朝阳地区，领建德、冀阳、昌黎、辽东、乐浪、营丘等郡，龙城、永乐、带方、新昌等县。上谷郡所辖六县之“遂城”条目记载：遂城，旧曰武遂。后魏置南营州，即今遂城。准营州置五郡十一县，五郡为昌黎、建德、辽东、乐浪、营丘。后齐唯留昌黎一郡，领永乐、新昌二县，余并省。开皇元年州移，三年郡废。所领永乐、新昌，后魏分属乐浪、辽东二郡。“永乐”项下记载：旧曰北平，后周改名焉。有郎山。北平县治今满城区，为汉代所置。新昌县则于开皇十八年改称遂城，县治未随州郡迁移。①

宋代乐史所著《太平寰宇记》卷六十七《河北道十六》“易州”项下载：“隋开皇元年，自今遂城所理英雄城移南营州居燕之候台，仍改名易州。取州南易水为名。”②《易县志稿》“历史沿革”考曰：“隋开皇元年改为易州，置昌黎郡，寻废，移南营州于易之候台。”候台位于易县旧城西北隅，始建于周初，今为县重点文物保护单位。结合北齐时南营州只留昌黎一郡的记载判定，今之易县城隋初即为易州和昌黎郡治所。

“易县”作为行政区划名称，始于汉代，建县之初治所在今雄县，不是现在的易县，《易县志稿》“历史沿革”条目所载“北齐天保七年（556），县省入鄚县”的按语是“此省入鄚县之易县，今雄县地”。《隋书·地理志》河间郡辖县“鄚”项下记载可证此说：“有易城县，后齐废。开皇中置永宁县，大业初废入焉。”③“易城县”为三国魏因公孙瓒建易京城更名，北魏天兴二年（399）复名“易县”。依《隋书·百官志》所载，开皇初年州下设郡，以郡统县，官吏一并设置。开皇三年“罢郡，以州统县”④。

开皇元年置易州时，故安县、旧易县均已于北齐废，置县有领地，亦有“易”之县名可用；南营州和昌黎郡移置燕之候台前，与新昌县治所皆在遂城，表明从北齐至北周州郡治所同时设县，隋初于易州、昌黎郡治所置县有例可循，开皇元年州郡县官员设置可证此制；镇国寺佛座刻铭形成于隋当代，证据时效高于后世追记。根据文物实证和史籍所载当年通行典章制度判断，易县建置如《易县志稿》所言“州县并设”，为开皇元年，即公元581年。

---

① ［唐］魏徵：《隋书》，中华书局1973年版，第858—859页。
② ［宋］乐史：《太平寰宇记》，中华书局2007年版，第1356页。
③ ［唐］魏徵：《隋书》，中华书局1973年版，第857页。
④ ［唐］魏徵：《隋书》，中华书局1973年版，第792页。

唐易州长兴寺尊胜舍利幢遗文录

唐易州长兴寺尊胜舍利幢为易县文物保管所馆藏文物，如图 3 所示。此幢汉白玉质，碑面漫漶严重。就目前所知，邓嘉缉《上谷访古记》最早著录："长兴寺尊胜舍利幢，在儒学署大门内左偏，正书。永昌元年。幢高二尺一寸，八面，面广六寸二分。第一面大书四行，行十一字，颇蚀。第二至第六面俱六行，行三十一字。七八面蚀尽，才辨数字而已。"① 孟桂良《易县碑目》将其列入唐代石刻当中："长兴观特建尊胜陁罗尼舍利幢。右幢，拓本高二尺七寸，八面刻，先经后记，正书。第一面四行，行十一字。余七面五行至八行，行三十至三十二字不等。永昌元年八月。邓嘉缉《上谷访古记》著录，在县城内乡村师范小学。"② 民国《易县志稿》引《上谷访古记》按语："此幢今仍在学宫西院，刻文又有仪凤元年

图 3　尊胜陁罗尼舍利之幢

① ［清］李鸿章等：《畿辅通志》卷一百五十，宣统二年（1910）北洋官报兼印刷局石印本，第 12 叶下半叶。

② 孟桂良：《易县碑目》，载《北平燕京大学考古学社社刊》1937 年第 6 期，第 207 页。

字。仪凤，则天年号。”① 此幢原所在长兴寺目前失考。上述两记所称的儒学署、学宫、乡村师范小学等，均指现龙兴观遗址路北，云蒙家园北区范围，其地原为文庙、县学所在。实际测得此幢的体量为高88厘米，每面20厘米至25厘米不等。各行文字与志书所记不同，第三面和第四面分别为8行和7行。保存状况与所记无差，剥蚀严重，缺字较多，撰书者和建树年份无考。根据石质和剥蚀程度对照分析，刻于唐代的可能性较大。

舍利幢刊刻内容为《佛顶尊胜陁罗尼经》和《佛顶尊胜陁罗尼经序》，按照竖排文字顺序，为先序后经，与《易县碑目》所记“先经后记”相反。《经序》记述了《佛顶尊胜陁罗尼经》传入中国的过程，后世多有刊刻，清代被收入《全唐文》卷九一二、卷九八六。其中卷九一二作者署为“志静，永昌中定觉寺沙门”，文字完整无缺；卷九八六作者署“阙名”，文字缺失较多，所据当是石刻，因石刻残损，因而缺字。② 在与通行文字的比对中发现，长兴寺经幢《佛顶尊胜陁罗尼经序》个别字句稍有不同，大意不受影响，唯第三面末行下部“施僧绢三百匹”（如图4所示），与通行内容大有不同，通行内容所载均为“三十匹”，长兴寺经幢改作“三百”，可能是出于夸饰的目的。第四面第五行“流行于代”即“流行于世”之意，当时为避唐太宗李世民的“世”字之讳而为。

图4 三百匹

司宾寺为管理蕃客的专门机构。蕃客是对周边少数民族地区和国家的归诚者、朝贡者、经商者、留学者、传教者的称呼。周朝开始，就有类似机构设置，北齐称鸿胪寺，唐初亦然。高宗龙朔二年（662），改为同文寺，武则天光宅元年（684）改名司宾寺，中宗神龙元年（705）复称鸿胪寺。③ 志静作此序时，正是称司宾寺时期，典客署为其内设机构，掌蕃客迎送接待事务，以令为长官，从七品下。杜行顗一位芝麻小官，因为参与一部经卷的翻译而名垂后世，的确机缘难得。

① 寿鹏飞总纂：《易县志稿》，学苑出版社1990年影印版，第882页。
② ［清］董诰等编：《全唐文》卷九一二，中华书局1983年影印本，第9508—9509页；卷九八六，第10199—10200页。
③ 吕宗力主编：《中国历代官制大辞典（修订版）》，商务印书馆2015年版，第819页。

唐之后，此序并经多有刊刻，但唐本朝旧刻已经十分稀缺，尤显珍贵。由于碑面剥损，许多文字不可拓取，遂以观摩原碑、阅读拓片相结合的方式，努力识认。为保存资料，兹将各面碑记遗文分行照录，缺字据《全唐文》卷九一二补录，补字加“［ ］”以示区别。因“第七八面蚀尽，才辨数字而已”，故不录经文。

第一面

第一行：敕赐长兴……院奉为□

第二行：先师……内僧正□

第三行：□法大……特建□

第四行：佛顶尊胜陁罗尼舍利之幢

第二面

第一行：(蚀尽)

第二行：《[佛顶尊胜陁] 罗尼 [经]》者，[婆罗] 门僧佛 [陀] 波利，仪凤元年从西国来至

第三行：[此土，到五台山次，遂五体投] 地，向山顶礼曰：“如来灭后，众圣[潜灵，唯] 有大

第四行：士文殊师利，[于此] 山 [中，汲引苍生,] 教化诸菩萨。波利所恨，生逢八难，不睹圣容。

第五行：远涉流沙，故 [来敬谒，伏乞] 大慈大悲普覆，令见尊仪。”言已，悲泣雨泪，向山顶礼。

第六行：礼已举头，忽 [见] 一老人，[从] 山中出 [来]，遂作婆罗门语谓僧曰：“法师情存慕道，追

第三面

第一行：[访] 圣踪，不惮劬劳，[远寻遗迹。然] 汉地众生多造罪业，出家之人亦犯戒律。唯

第二行：[有]《佛顶尊胜陁罗尼经》能灭除众恶业，未知法师颇将此经来不?”僧曰：“贫道

第三行：[直来] 礼谒，不将经来。”老人曰：“既不将经，空来何益? 纵见文殊，亦何必识? 师可到西

第四行：国取此经来，流传汉土，即是遍奉众圣，广利群生，拯济幽冥，报诸佛恩也。师

第五行：取经来至此，弟子当示师文殊师利菩萨所在。”僧闻此语，不胜喜跃，遂

裁抑悲泪，

第六行：至心敬礼。举头之顷，忽不见老人，其僧惊愕，倍更虔心，系念倾诚，回还西国取

第七行：《佛顶尊胜陁罗尼经》。至永淳二年，回至西京，具以上事闻奏大帝。大帝遂将其

第八行：本入内，请日照三藏法师，及敕司宾寺典客令杜行顗等共译此经，施僧绢三百匹。

第四面

第一行：其经本禁在内不出。其僧悲泣奏曰："贫道捐躯委命，远取经来，情望普济群

第二行：生，救拔苦难，不以财宝为念，不以名利关怀，请还经本流行，庶望含灵同益。"帝遂

第三行：留所翻得之经，还僧梵本。其僧得梵本，将向西明寺，访得善梵语僧顺贞，奏共翻

第四行：译。帝遂其请，僧遂对诸大德共顺贞翻译。译讫，僧将梵本向五台山入山，于今不

第五行：出。今前后所翻两本并流行于代，小小语有不同者，幸勿怪焉。至垂拱三年，定觉寺

第六行：主僧志静，因停在神都魏国东寺，亲见日照三藏法师，问其逗遛，一如上说。志静

第七行：遂就三藏法师咨受神咒。法师于是口宣梵音，经二七日，句句委授具足，梵音一无

第五面

第一行：差失。仍更取旧翻梵本勘校，所有脱错悉皆改定，其咒初注云"最后别翻"者是也。

第二行：其咒句稍异于注令①所翻者，其新咒改定不错，并注其音讫。后有学者，幸详

第三行：此焉。至永昌元年八月，于大敬爱寺见西明寺上座澄法师，问其逗遛，亦如前说。

第四行：其翻经僧顺贞，见在西明寺。此经救拔幽显，最不可思议，恐学者不知，故具录委

第五行：曲，以传未悟。

① 注令：《全唐文》卷九一二作"杜令"，指上文的典客令杜行顗。此处"注令"乃"杜令"形近之误。

《大唐易州铁像碑颂》试读试注

——兼以《保定名碑》所录碑文为例就个别字句试校

《大唐易州铁像碑颂》（简称《铁像碑》）为易县文物保管所馆藏文物。1985年4月易县人民政府修建办公楼挖掘地基时发现，当时已断为两块。1993年8月31日，被河北省文物鉴定委员会专家王金科、穆青和易县文物保管所所长张洪印鉴定为一级文物。1997年易县文物保管所对其进行了粘接修复，并补配一明代碑座将其竖立。

据孟桂良所著《易县碑目》记载，1930年他调查时，此碑在县署（今县政府驻地）东土地祠狱所内。① 何时断裂和埋没地下，尚待考证。由于自然原因，加之历史上传拓的不良习惯，致使碑文部分字迹漫漶甚至缺失，以碑前、后和上端中部为最。

此碑青石质，高280厘米，宽120厘米，厚21厘米。半圆碑首，上刻释迦像，两侧各刻一弟子像。碑座略呈梯台形状，长126厘米至132厘米，宽78厘米至84厘米，高40厘米。《铁像碑》以铸造铁像为由头，描绘了一千二百多年前易州官勤民劝、和谐安宁的开元盛世景象，记述了卢晖任内的主要政绩。通篇不足六百字，分为题名、序、颂、落款、附记等五部分。碑文行书，个别草书，共33行，其中碑题及撰书者署名1行，颂文1行，记时落款1行，附记2行，间有内容小字分行并列。序文18行，满行36字。序近骈体，颂为韵文，附记部分近似白话。文字洗练而信息丰富，气势宏阔而不失细腻，典故化用贴切自然。如图5所示。清代将此碑收入《全唐文》卷三六二，其为名篇乃实至名归。

开篇不事铺张，直达主题。对于卢晖的介绍只用15个字——“卢君讳晖，字子晃，自尚书郎保厘我郡”，不似有些碑刻叙述祖荫和经历，也没有夸大莅任之初的各种困难以光大其作为，而是以“简而明，慧而肃，害必革，利必兴，爰徙军，爰置邑，创阛阓，饰招提，远者怀，近者悦”一排骈句，分述其为政风格、执政理念、重点措施和实际成效，气韵连贯，层次清晰。开元前后，易州迫近突厥和奚族，边患严重，“戈

---

① 孟桂良：《易县碑目》，载《北平燕京大学考古学社社刊》1937年第6期，第212页。

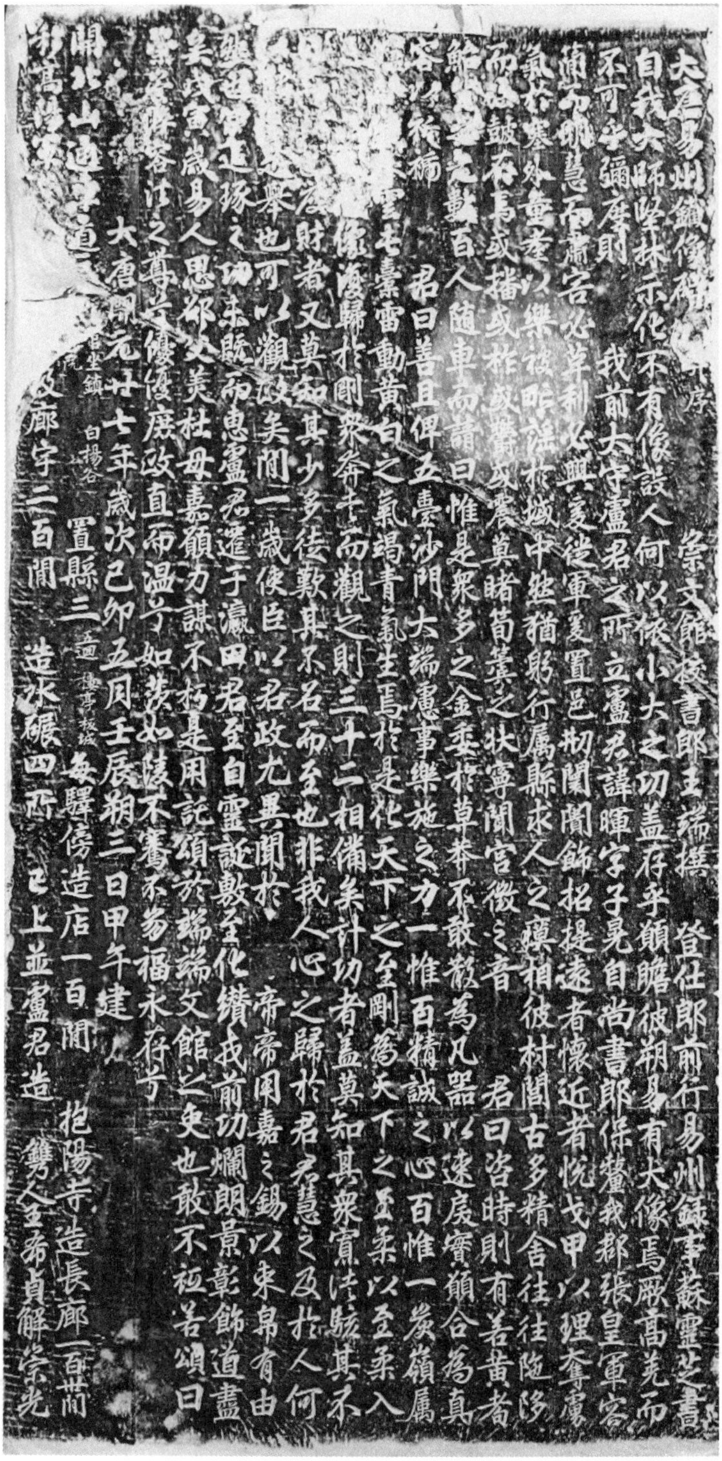

图 5 《铁像碑》拓片

甲以理，夺虏气于塞外；童耋以乐，被甿谣于域中”之句，将易州地处边塞的地理位置、卢君处理边境事务的智慧果敢、地方安定祥和的可喜局面描写得清清楚楚。在这种情况下，卢君“犹躬行属县，求人之瘼”，一个敬业勤政的能吏形象跃然眼前。碑文撰写者王端，两《唐书》无传。据《新唐书·王绍传》，权德舆《故尚书工部员外郎赠礼部尚书王公神道碑铭》《故尚书工部员外郎赠礼部尚书王公改葬墓志铭》相关记载可知，王端，太原人，累世为官。开元年间中进士，授崇文馆校书郎。天宝十四载（755）累迁至工部员外郎。乾元二年（759）逝于江南，寄葬玉山。永贞元年（805）追封华州刺史，元和二年（807）赠礼部尚书。元和十年八月，改葬于江西万年县。王端生前与书法家颜真卿、郎中柳芳、司勋员外郎陆据、永宁尉殷寅为莫逆之交。《新唐书·王绍传》引用陆据之言，“端之庄、芳之辨、寅之介，可以名世”。王端有三个儿子。长子王绰，信佛精修，《全唐诗》存其《迎春东郊》一首。次子王纾，任尚书郎。三子王绍，深受李隆基曾孙唐德宗李适器重，官爵至银青光禄大夫、兵部尚书判户部事、上柱国、太原郡公、食邑二千户。王端及夫人殁后加封，就是受其光耀。

卢晖，范阳人，开元二十二年至二十四年（734—736）任易州刺史。碑末附记了卢晖在易州任内的主要政绩。一是注重基础设施建设，“开北山通车道三所，官坐镇、白杨谷、峨院；每驿傍造店一百间，抱阳寺造长廊一百卅间；移高阳军营入城，造厅及廊宇二百间”。白杨谷、官座岭等道路至今仍为交通要道，近年修拓益善。二是注重基层政权建设，奏请朝廷批准，“置县三：五回、楼亭、板城”，加强了对州治周边地区的治理。三是注重发展生产。除劝导农桑之外，还充分利用自然资源，“造水碾四所”。据 1975 年 2 月中华书局出版《新唐书》第 1011 页和 1020 页相关记载，开元二十五年，卢晖修瀛州长丰渠，引水通漕，溉田五百余顷；开元二十八年，修魏州贵乡县（今河北大名）西渠，引流注魏桥，以通江淮之货。所至皆以水利为务，以利通漕和灌溉，堪称能吏。

碑文书写者苏灵芝，陕西武功人，以行书见长，被欧阳修誉为写碑能手，所书易州《铁像碑》《梦真容碑》《田琬德政碑》《御注道德经幢》等历来被称为精品。《铁像碑》书法肥厚圆满，在楷行之间，被历代书法家视为初学的范本。清潘祖荫尤喜此碑之丰妍，称初学此碑可增笔力，不流于枯瘦。《御注道德经幢》为唐玄宗御注，苏灵芝奉命书写，足见其书名之盛。在书写《大唐真容应见贞石碑》时，苏氏自称题额，在以前关于此碑的著录中，未见关于此额的描述，有推断为行书或楷书者，亦有推测篆书“梦真容敕”四字者，可见曾长期匿迹。碑额现存于易县文物保管所，实为篆书“大唐真容应见贞石碑”，如图 6 所示。今北京法源寺内保存一块名为《无垢净光宝塔颂》的塔碑，亦为苏氏所书，清代学者朱彝尊等考证，此碑原是史思明为颂扬安禄山

图 6 《梦真容碑》额

所建，史思明降唐后又将碑文改成颂扬大唐皇帝，该塔碑上有多处将原字磨光重刻的痕迹。因苏灵芝曾听命于安、史，故其名不彰。但是，一个曾经附逆的九品官员能得令终，并因其《铁像碑》等书法作品传世而留名，已经非常难得。

《铁像碑》历来备受关注，宋赵明诚《金石录》卷六、陈思《宝刻丛编》卷六，清顾炎武《金石文字记》卷三、朱彝尊《金石文字跋尾》卷四、黎光暎《观妙斋藏金石文考略》卷一〇、钱大昕《潜研堂金石文跋尾》卷六、武亿《金石二跋》卷二、赵绍祖《古墨斋金石跋》卷四、洪颐煊《平津读碑记》卷六等皆著录，《全唐文》卷三六二、王昶《金石萃编》卷八三、赵绍祖《金石文钞》卷五等有录文。《保定名碑》将《铁像碑》载于第 35 至 38 页，不仅进行了详细介绍，还收录了全部碑文，并加以句读，较过去文不加点的录文方法更加便于阅读。但是，由于碑文中有一些生僻古字，且用典较多，读者阅读仍然存在一定障碍。为此，笔者不揣浅陋，试图对碑文稍加注释，以期抛砖引玉。在查阅资料、核对原碑和旧拓的过程中，发现诸家著录与实际稍有出入，所收录碑文中有几处文字讹误，同时对两处断句有不同认识，在此一并提出，请诸方家教正。

1. 关于此碑的尺寸，诸家记录非一，盖因量度方法不一致。《易县碑目》载“右碑拓本高七尺一寸，广三尺六寸”；《保定名碑》作“碑高 2.90 米，宽 1.17 米”；易县文物保管所记录档案为“高 3.03 米，宽 1.17 米”。经现场测度，碑高 280 厘米，宽 120 厘米，厚 21 厘米。

2. 序文第四行末尾“往往迤陊”句，应为“往往陁陊”。原碑序文第四行末尾“陁”字清晰。

3. 序文第五行“莫睹荀簾之状”句，应为“莫睹筍簴之状”。原碑序文第五行“筍”字清晰，应从原碑，如图 7 所示。

4. 序文第十行“又莫知其多少”句，原碑序文为“又莫知其少多”。字序颠倒，疑为录入疏忽。

5. 序文第十一行“问一岁”应当为“间一岁”。原碑“间”字清晰无损，新旧拓本均无疑窦，如图 8 所示。

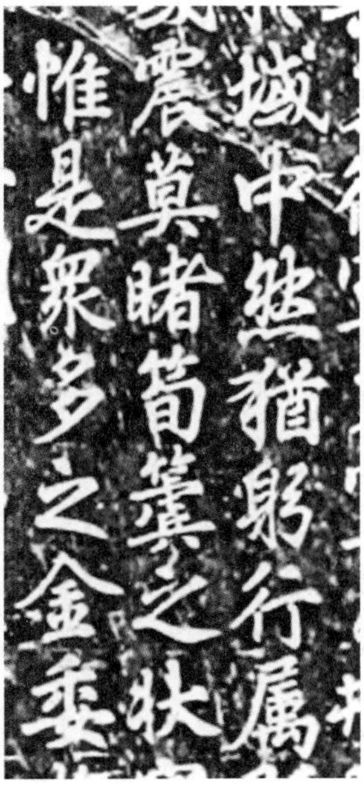

图 7 筍

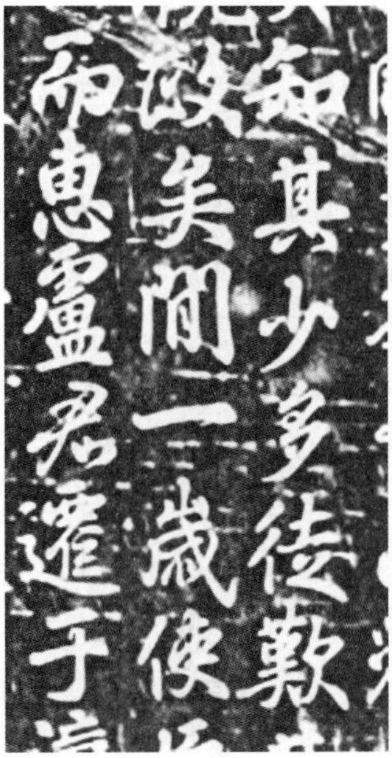

图 8 间

6. 序文第十一行“伊追琢之功未及而惠”句之“及”字当为“既”，据原碑改。

7. 序文第十三行“敢不祇若”句之“祇”字，《保定名碑》作“礻”旁加“互”字，这一字形从现有辞书中无法查阅，但《草字编》（洪钧陶编，文物出版社 2006 年 1 月再版）中收录“祇”字的历代草书字体中，有形近写法，所列赵孟頫的结字方法与《铁像碑》相同。据此当以正体“祇”字刊行。

8. 树碑时间“大唐开元二十七年”原碑作“开元廿七年”，宜从原碑。其干支纪年“乙卯”当为“己卯”，原碑清晰，且依前文“戊寅岁”顺延即可推得。

9. “移高阳军入城”句，查旧拓本中有“移高阳军营入”，后缺失三字。今其处断裂，缺失更甚，“入”字无存，其下“及”字只存右下部分，然“营”字尚依稀可辨，故为“移高阳军营入城”。

10. 碑文末尾“巳上并卢君造”句之“巳”当为“已”。“已”古同“以”，“以上”的用法及含义与碑文内容、语境相连贯，而为“巳”则难以理解。

11. 序文第七行末尾“炭岭属”以下 12 字句读，《保定名碑》作“炭岭属炉，谷呀人云，屯橐雷动”。笔者认为断为“炭岭属，炉谷呀，人云屯，橐雷动”贴切。因为“炭、炉、人、橐”皆为名词，且后面分别为描绘性词语，相对于断为三句而言，名词使用更加准确，描述更加传神，句式更加规整。

“炭”当为煤炭。中国用煤炼铁的历史始于汉代。易水流域是历史上冶铁技术高度发达的区域，早在燕下都时期，就出现了淬火铁器，“三普”发现的野里店汉代遗址位于中易水南岸，包含大量的炉渣和铁屑，表明易水流域是较早用煤炭冶铁的地区之一。碑文中对熔化铁水、铸造铁像的过程描述生动，“黄白之气竭，青气生焉”之句，正是描写煤炭燃烧的过程，由于煤炭中含硫等杂质，所以先冒黄烟，而后白烟，最后炉火纯青，熔化铁水。而后，将铁水注入封闭严密的模具中，冷却后“复归于刚”。“属”读“zhǔ”，连缀、接连的意思，全句意思为“煤炭堆积得像一座座相连的小山”。“谷”即山谷、河谷。本碑记载，卢晖“造水碾四所”，与易水沿岸沿用至今的水冶、野里店（旧作冶里店）等地名互相印证，传递着古代以水为动力冶铁的历史信息。“呀”为拟音，形容熔炉发出的音响，全句可解为“熔炉在河谷中发出呀呀的声响”。“云屯”为“云屯雨集”的略写，“人云屯”以描述参与造像的人员众多。“橐”是古代一种鼓风的设备，形状似一大口袋。《墨子·备穴》载：“具炉橐，橐以牛皮。”全句可解为“鼓风橐发出的声音像雷鸣一样”。

12. 序文第十三行“易人思邵父美”句，《保定名碑》作“易人思邵父美，杜母嘉愿，力谋不朽”，窃以为“杜母嘉愿”以下不通，宜读为“易人思邵父美，杜母嘉，愿力谋不朽”。“邵父”是对邵信臣的尊称。汉代荀悦《汉纪·成帝纪一》：“信臣，字翁卿，九江人也。始为南阳太守，乃为民兴利，开通沟渠水门，灌溉三万余顷，禁止嫁娶送终奢靡，其化大行，吏民亲爱之曰‘邵父’。”“杜母”指杜诗，东汉河内汲县人，字君公，其生年不详，卒于公元38年，亦曾任南阳太守，所到皆有政绩，南阳人将其与邵父并列，称为“杜母”，语曰“前有邵父，后有杜母”，后遂以“父母官”称扬地方官员。从句式上看，“邵父美”和“杜母嘉”为对偶句，符合古人撰写碑文的语言习惯。从语境上看，因“思”而“愿”，因果自然。

在以上个别校对的基础上，对《铁像碑》重新录文如下，并根据有关典籍、资料和前辈的研究成果，对碑文试作注释。

附：《大唐易州铁像碑颂》录文及注释

大唐易州铁像碑颂并序。崇文馆校书郎王端撰，登仕郎前行易州录事苏灵芝书。

自我大师坚林①示化，不有像设，人何以依？小大之功，盖存乎愿。瞻彼朔易②，有大像焉，厥高羌而/不可乎弥度，则我前太守③卢君之所立。卢君讳晖，字子晃，自尚书郎保厘我郡，张皇军容，/简而明，慧而肃，害必革，利必兴，爰徙军，爰置邑，创阛阓[4]，饰招提[5]，远者怀，近者悦。戈甲以理，夺虏/气于塞外；童耋以乐，被甿[6]谣于域中。然犹躬行属县，求人之瘼，相彼村闾，古多精舍[7]，往往陁陊[8]，/而法鼓[9]存焉，或播或柞，或郁或震[10]，莫睹筍簴[11]之状，宁闻宫徵之音。君曰：“咨。”时则有若黄耇/鲐背[12]之老数百人，随车而请曰：“惟是众多之金委于草莽，不敢散为凡器以速戾，实愿合为真/容以祈禠[13]。”君曰：“善。”且俾五台沙门[14]大端[15]虑事。乐施之力一惟百，精诚之心百惟一，炭岭属，/炉谷呀，人云屯，橐雷动，黄白之气竭，青气生焉。于是化天下之至刚为天下之至柔，以至柔入/无间，亦既成像，复归于刚。众奔走而观之，则三十二相[16]备矣。计功者，盖莫知其众寡，徒骇其不/日而成也；度财者，又莫知其少多，徒叹其不召而至也。非我人心之归于君，君慧之及于人，何/以能之。是举也，可以观政[17]矣。间一岁，使臣以君政尤异，闻于帝，帝用嘉之，锡以束帛，有由/然也。伊追琢[18]之功未既而惠，卢君迁于瀛，田君至自灵[19]，诞敷[20]至化[21]，缵戎[22]前功，烂朗景彰，饰道尽/矣。戊寅岁，易人思邵父美，杜母嘉，愿力谋不朽，是用托颂于端。端文馆之吏也，敢不袛若[23]。颂曰：/崇崇睟容[24]，法之尊[25]兮；优优[26]庶政，直而温兮。如茨如陵[27]，不骞不崩[28]，福永存兮。

大唐开元廿七年岁次己卯五月壬辰朔三日甲午建。

开北山通车道三所：官坐镇、白杨谷、峨院；置县三：五回、楼亭、板城；每驿傍造店一百间；抱阳寺造长廊一百卅间；移高阳军营入城，造厅及廊宇二百间；造水碾四所。已上并卢君造。

镌人：王希贞、解崇光。

注释：

①坚林：即坚固林，系娑罗树的别名，释迦佛祖讲经之处。

②朔易：即朔方、易水，语出《后汉书·南匈奴传论》：“南面而朝单于，朔、易无复匹马之踪。”后多代指北方。此处从原义。

③太守：卢晖在易州实任“刺史”，“太守”为其别称。

④阛阓：音 huánhuì，指街市、街道。

⑤招提：寺院的别称。梵语音译“招斗提舍”的简写，意译为四方、四方僧、四方僧房，指自四方来集之各方众僧均可止宿之客舍。

⑥甿：同“氓”，泛指百姓。

⑦精舍：佛教修行者的住处。释迦时，有竹林精舍、祇园精舍等。

⑧陁陊：同“阤陊”，音 zhìduò。阤，崩颓。陊，崩塌。

⑨法鼓：宣扬佛法，普度众生，好像击鼓使声音普遍听到。《法华经》有“击大法鼓”和“法鼓常鸣”的话。

⑩或播或柞，或郁或震：播、柞、郁、震，都是乐器之病。《周礼·考工记·凫氏》：“锺已厚则石，已薄则播，侈则柞，弇则郁，长甬则震。”

⑪筍簴：音 sǔnjù。筍，指悬挂钟磬的横梁。簴，指悬挂钟磬的立柱。

⑫黄耇鲐背：黄即黄发。耇，音 gǒu，年老。“鲐背”又作台背、骀背，指老人背上生斑如鲐鱼之纹，为高寿之征。此句泛指长寿老人。

⑬褫：音 sī，福祉。

⑭沙门：佛教术语，为梵语音译，意译勤劳、功劳、净志、修道等意，或为出家者之总称。此处指僧人。

⑮大端：僧人法名。

⑯三十二相：佛教术语，言佛有手、目、胸、发等共三十二相。

⑰观政：察知政情。

⑱追琢：雕琢，雕刻。追，通“雕”。语出《诗·大雅·棫朴》：“追琢其章，金玉其相。”《毛传》：“追，雕也，金曰雕，玉曰琢。”

⑲灵：即灵州，北魏始置，治今宁夏灵武市西南。北周治回乐县，在今宁夏吴忠市西北。唐属关内道，辖境相当今贺兰山东麓，宁夏中卫、中宁等县以北，盐池县以西地区。

⑳诞敷：遍布。

㉑至化：极美好的教化。语出《后汉书·仲长统传》：“今欲张太平之纪纲，立至化之基趾。”

㉒缵戎：继承、延续。

㉓祇若：恭敬顺从。

㉔睟容：睟，音 suì，润泽貌。睟容，温和慈祥的容貌，这里指佛像。

㉕法之尊：佛法之所尊重。

㉖优优：宽和之意。

㉗如茨如陵：茨，义为草生长茂盛。本义为大土山，形容高。语出《诗经·小雅·甫田》：“曾孙之稼，如茨如梁。曾孙之庾，如坻如京。”

㉘不骞不崩：语出《诗经·小雅·天保》：“如南山之寿，不骞不崩。”《毛传》：“骞，亏也。”

唐易州刺史张公山亭再葺记阙疑文字试补

——以中华书局1982年影印本《唐文续拾》为例

唐易州刺史张公山亭再葺记碑刊刻于建中二年（781）十月。旧在县城西门西关外莲花寺，后移于易州衙署憩园，现为易县文物保管所收藏。清乾隆《直隶易州志》卷十一云："西关外莲花寺有唐时重建山亭碑记，字迹磨损大半，而风神仿佛圣教序。碑文由判官兼掌书记、朝散大夫行司士参军王璿撰文。"碑文借修葺旧时池亭之由，对张孝忠在易州期间的德政一一列述，有些内容可补史传不足。《唐文续拾》《金石萃编》《上谷访古记》《易县碑目》及州县方志对其均有著录。1993年8月31日，被河北省文物鉴定委员会专家王金科、穆青和易县文物保管所所长张洪印鉴定为二级文物。

此碑高220厘米，宽100厘米，厚25厘米。碑额篆书"唐易州刺史张公山亭再葺记"，竖排4行，行3字，如图9所示。碑面文字右起竖排，共26行，其中正文23行，满行48字。字行书近楷，如乾隆《直隶易州志》所言，颇似右军书风。由于此碑早年倾覆，碑体从碑文第十二三字处断裂，碑榫亦损，后以易州知州傅泽澍（明嘉靖四十四年在任）德政碑之半为座，下部两字陷入座里，后7行极剥蚀不可读。陆增祥《八琼室金石补正》卷六五、陆心源《唐文续拾》卷四皆收此碑录文，所列碑文阙疑文字已与今碑面状况少有差别，可见剥蚀漫漶年月已久。《北京图书馆藏中国历代石刻拓本汇编》第28册第22页收有此碑拓本。

笔者供职于易县文物部门，数年来，借就近之便，对照先哲所录，阴晴朝暮，高下近远，观之摩之，抚之测之，并求教于文史书法各界师长，于其阙疑文字偶有心得，兹就1982年中华书局影印本《全唐文》所附潜园总集本《唐文续拾》总第11215页至第11216页所载试作补述。

此书中本文题目为《唐符阳郡王张孝忠再葺池亭记》，文前对撰写者王璿略作介绍，称"璿，建中二年易定等州观察判官、掌书记、朝散大夫行司事参军（本碑）；主客员外（郎官石柱题名）；监察御史（精舍题名）。按，《广异记》有宋州刺史王璿，又

图 9　碑额篆书

云乾元中王籍者，太常璿之族子。《太平广记》大理卿王璿改金吾将军，疑即一人，与《全唐文》二百五十九王璿别”。题目及署名与碑面有异。

第一行：第 22 字，书中为空缺，原碑“王”字可辨。

第二行：第 6 字，书中作“城”，细考原碑为“域”；第 7 字“树”之后空缺三字，原碑为“立藩屏”；第 20、21 字识为“所以”；第 22 字作“社”，原碑“壮”字无疑；第 30 字空缺，碑面文字为类于王羲之所书之“早”字，查询其他著录，有作“平”或“互”者，与文义不符，当以“早”为确；第 36 字空缺，碑中“年”字虽不清晰，但仍可辨识。

第四行：第 13 字“守”，原碑为“首”。

第五行：第 10 字“符”，原碑不为竹字头，而为草字头，即“苻”字。依文义判断，以“符”为宜。

第六行：第 4 字书中作“埸”，察碑面文字，右侧为“易”，中间无长横笔画，与第五行第 1 字“陽”字右半字“昜”有异，“埸”读音如“义”，义为边境、边界，“疆埸”一词，《诗经》《左传》等古典多用，故当以“埸”为确；第 5 字空缺，碑中“缉”字可辨；第 42 字空缺处，“所”字可辨；第 45 字“徵”之后未标示空缺，碑中“敛”字可识。

第七行：第 2 字作“轴”，仔细辨识原碑，应为“纳”字；第 4 字“探”，原碑为

“轻”；第 20、21 字，分别作“知”和空缺，细察原碑，为“如市”二字。

第八行：第 4 字空缺处，碑中“湫”字可辨；第 7 字“集”，原碑为“渠”，其后空缺处和“技”字，碑中“将校”二字依稀可辨，“杂”字之后空缺三字，摩挲观察，断为“处观寺”，下接“军人部”，后空缺一字，识为“曲”，其后清晰。如此，第 6 字开始的句子为“首渠将校，杂处观寺，军人部曲，寄于闾阎”，句式整齐，表义清楚，与前后因果关系明确，应可确认。第 22 字，书中作“繬”，从碑面查看，后半字类于简化之后的“啬”字，与当时写法有异，横笔以上似“中”，下部“囗”内笔画不清，端详字体，与《甲金篆隶大字典》① 第 908 页所载《武威简・服传二》中“缁”的结体相同，形成年代标注为 5，即西汉时期，与“黄”连用，以喻僧道，合乎语境，故识为“缁”。

第九行：书中本行接第八行“以”之后，注“缺”字，未言缺失字数，碑中第 8 字位置“厩”字虽不清晰，但各笔画均可确认，宜从原碑补；第 11 字处作缺字符号，此处现从碑中可识得“門”字框，门内右侧“欠”字稍可辨识，尤其下端“人”字可以确认，结合上下文义，可断为“阙”字；第 12 字书中作“猶”，察碑为“積”字；第 20 字书中作“足”，细察为“是”；第 22 字处原作缺字，碑中“菽”字大体可识，其下部“叔”为异体；第 26 字原作缺字，碑中“桑”字尚能拓取，易于辨识，“桑门”义同“沙门”，“菽粒聚于桑门”即“粮食归集在寺庙之中”，与前文“首渠将校，杂处观寺”相呼应，当可断定；第 40、41 字作缺字符号，从碑中识为“如”“京”二字；第 42 字，书中作“坛”，细察为“坻”，“京坻”出自《诗经・小雅・莆田》“如坻如京”之名，意为“谷米堆积如山”，此处形容仓库容量巨大；第 43 字“启”之后，注为“下缺”，但察碑中其下“自”可识认，故宜补为第 44 字。

第十行：第 10 字“民”，碑文书写中缺省最后一斜钩；第 28 字书中作缺字，观察碑刻，断为“疾”；第 35 字作缺字，碑刻中其位置字迹与第九行第 11 字相似，可辨识性稍有不如，但结合下文“补”字，可断为“阙”，因“阙”而“补”，因果自然。

第十一行：第 3 字，原文作缺，察碑可断为“筑”，尤以下部“巩”可识度高；第 10 字作缺，察碑为“栋”；第 11 字原文作“宗”，细辨为“宇”，下部左右两点为碑面破损，非书刻所为；第 12、13 字均作缺字，第 13 字处似有“門”字，但不可结合文义判断，只得仍作空缺；第 25 字作“常”，察碑为“棠”；第 27 字“恕”，碑面可识为“如”，下部点画为碑面破损，非书刻字迹；第 28 字，原文作“以”，细辨识为“讼”，结合上文，本句断为“甘棠肃如，讼庭无事”，以此颂扬张公治理古燕，召公甘棠之化大行，民无争讼的盛世太平景象；第 34 字书中作“涉”字，碑刻中偏旁“阝”清晰，当为“陟”。

① 徐无闻编：《甲金篆隶大字典》，四川辞书出版社 1991 年版。

图 10 《张公再葺池亭记》局部拓片

第十二行：第 12 字作缺，原碑是处断裂，按“规”字推断，前半部“夫”字上端出头，下部可见两点，后部“见”字上部笔画和下部竖折弯钩能够对应，且文义连贯；第 15 字，书中以“掉”字刊行，原碑中字形与之相近，但偏旁为木字旁草写，与提手稍异，当以“棹”字为确；第 20 字作空缺，但从碑面字迹判断，此处为两字位置，第 19 字“钓”之后，“钩”字依稀可辨，宜从原碑增补，第 21 字仍不可识认；第 26 字原作缺，识为“傲”。

第十三行：第 12 字书中作缺，细察为“亭”，碑体断裂线于此，上部点、横两笔可见，下部竖钩的尾部尚存，断为“亭”字，文义可通；第 14、15 字，观察碑面，断为“坐”“不”二字；第 38 字，书中作“焉”，细察为“乌”，乌获是战国时期秦国大力士，传说能举千钧之重，后用以代称大力士，此处以“乌获斧斤”来标榜张公神力。

第十四行：第6字作“窖”，察之为“害”；第7字作缺字，碑中“之”字可辨；第8字“来”，碑中为“木”；第10字“蓋”，碑中为“益”；第12、13字，书中作缺字，碑体从附近断裂，但“土”“内”二字能够清晰识认，可从原碑补齐；第14字作“挟”，察原碑为反犬旁，以“狭”字为确；第17字“一”，碑面文字漫漶，但可识“如”字；第22字书中刊印“車”字旁，右部空缺，细察碑面，为“𠦝”字旁，与“車”旁有异，右下半部如“十”字居于右，左侧有点画，当识为“斡”，取“蠡柄”或“掌管”之义皆可通，有著录者识为“幹”，虽“若幹”可通，但与“如驱鬼神，若斡造化”相比，句式明显不够严整；第26字碑中依稀辨为“壶”字，从碑面观察，上端似“由”，概由于“士”字两端有竖向损痕，中间宝盖两端因损不清而成，细察损痕与书写笔画有异，下部“业”字，如“亜”缺上横，两竖因损模糊难析，但从碑面可以识别，书中刊印类“崮”字，上部封口如“中”，大概是根据拓片录文，未就原碑核对，就文义而言，“壶中江汉”与“掌上蓬莱”相对，意象生动，辞韵优美，应予确认；第31字，书中作缺，碑中“我”字可确定；第39字作“多”，仔细辨认，此字为“吾”字行书写法，下部“口”字以曲笔代之；第44字作一字空缺，碑中为两字位置，皆有字迹，细辨为“削培”二字；第45字下部不易辨，书中作“壝”，义为祭坛边短墙，但与“培”连用费解，结合字形文义，应以“塿”为确。

第十五行：书中本行首字为“状”，就碑核对，首字为不可识，其上即为碑额，没有位置容纳“状”字，当依原碑，核除此字；第13字作空缺，第14字作“持”，碑体裂隙从第13字经过，上部“立”字头完整，竖钩尾部尚存，可断为“奇”，第14字偏旁于提手旁之左上，还有笔画，依据文义，断为“特”字；第25字漫漶，有些结构笔画还可辨识，通过宝盖头和下部如“亦”字下端四点及中间点画揣摩，疑为异写“寡”字，结合文义，似可确定。

第十六行：书中首字“神”之后，接“可以叙事”，碑面可见“神”与“可”之间有六字：“暇可以言诗静”，故此处文字宜从原碑补正。本行之末“王以居”之后，“相国”采取抬写，直接转入第十七行，本行“居”之后没有文字，书中其后的“人”字当据原碑核除。

第十七行之后虽极其漫漶，但可识别文字亦有于《唐文续拾》所载碑文有所补益勘误者。由于缺失文字太多，难以确定其具体位置，谨就自己理解，直接应用于录文之中，并试施句读。如今不可辨识的碑文，从《唐文续拾》所载，如图11所示。

碑文之后，残存一行文字，仅“豫篆额镌”四字可识，前后数字不可识认，亦不能断定字数。

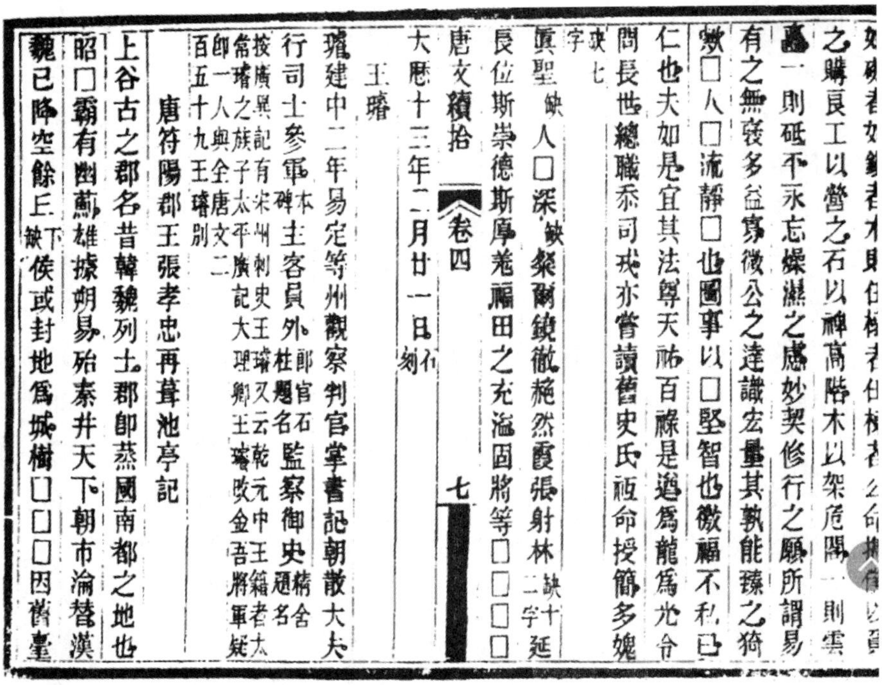

如礪者如鑽者木則伯橋者伯橋者公命掛□以頁
之購良工以礱之石以神高階木以架危闕一則雲
矗一則砥不永忘燥濕之感妙契修行之願所謂易
有之無襃多益寡微公之達識宏量其孰能臻之猗
歟□人□流靜□也圖事以□堅智也徹福不私已
仁也夫如是宜其法尊天祐百祿是遒爲龍爲光合
門長世總職忝司戎亦嘗讀舊史氏祗命授簡多媿
缺七字
賢聖缺人□深缺粲爾鏡徹秾然霞張射林缺十二字延
長位斯崇德斯厚羕福田之充溢固將等□□□□
唐文續拾　卷四　七
大歷十三年二月廿一日刻石
王璿
璿建中二年易定等州觀察判官掌書記朝散大夫
行司士參軍本碑主客員外郎官石柱題名監察御史精舍題名
按廣異記有宋州刺史王璿又云乾元中王籍者太常璿之族子太平廣記大理卿王璿改金吾將軍疑郎一人與全唐文二百五十九王璿別
唐符陽郡王張孝忠再葺池亭記
上谷古之郡名昔韓魏列土郡即燕國南都之地也
昭□霸有幽薊雄據朔易殆秦井天下朝市淪替漢
魏已降空餘丘缺下侯或封地爲城樹□□□因舊臺

图 11-1　《唐文续拾》载文（一）

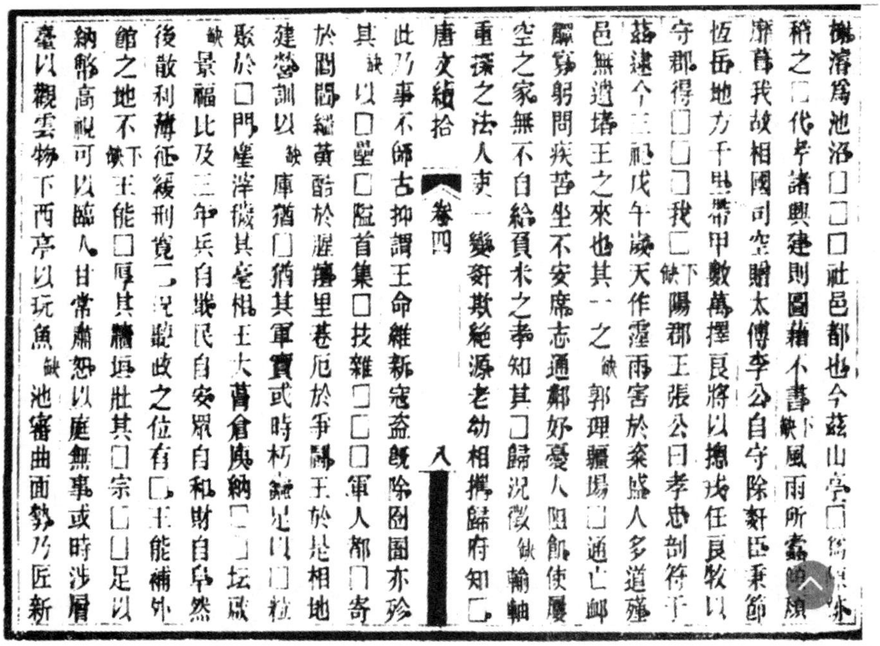

榭濬爲池沼□□□社邑都也今茲山亭□□□
稍之□代亭諸興建則圖籍不書缺下風雨所藏顛
隮爾我故相國司空贈太傅李公自守除戎臣秉節
恆岳地方千里帶甲數萬擇良將以撫戎任良牧以
守郡得□□□我□缺下陽郡王張公曰孝忠剖符于
茲逮今三祀戊午歲天作霪雨害於桑盛人多道殣
邑無遺堵王之來也其一之缺郭理驪陽□通亡郵
闢窮躬問疾苦坐不安席志通鄰好憂人阻飢使屢
空之家無不自給負米之事知其□歸況微缺輸軸
重採之法人吏一變奸欺絶源老幼相攜歸府知□
唐文續拾　卷四　八
此乃事不師古抑謂王命維新寇盜既除囹圄亦殄
其缺以□壘□臨首集□技雜□□□軍人都□寄
於閭閻緇黃酤於淤塵里巷厄於爭鬬王於是相地
建營訓以缺庫猶□猶其軍實或時朽缺足以□粒
聚於□門墉滓機其毫楫王大葺倉廩納□□坛藏
缺景福比及三年兵自戢民自安衆自和財自阜然
後散利薄征緩刑寬□□嚴政之位有□王能補外
館之地不缺下王能□厚其牆垣壯其□宗□□足以
納幣高視可以臨人甘常肅怨以庭無事或時涉層
臺以觀雲物下西亭以玩魚缺池審曲面勢乃匠新

图 11-2　《唐文续拾》载文（二）

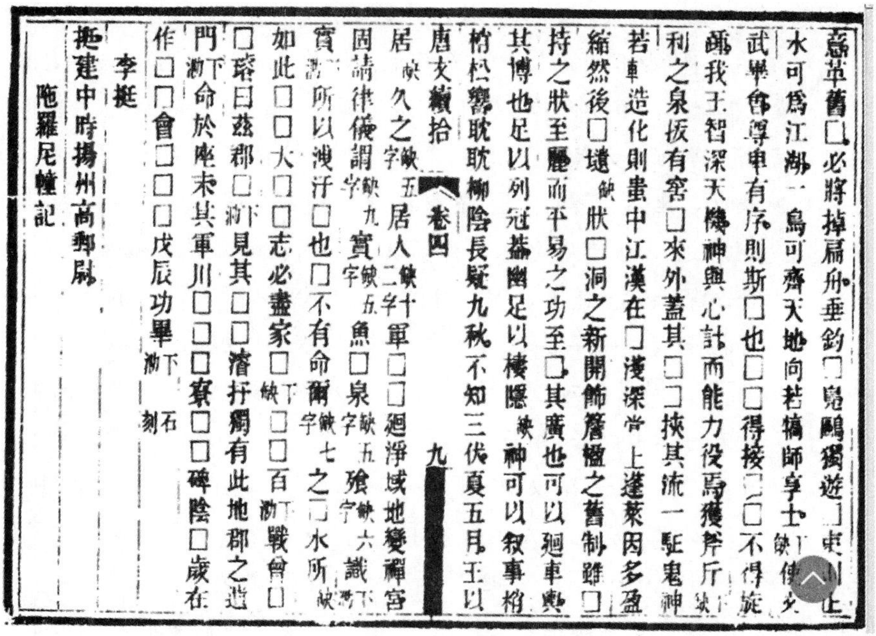

葺革舊□必將掉扁舟垂釣□鷗鷺獨遊□吏川上
水可爲江湖一鳥可齊天地向若橋師享士缺下使之
武畢飭尊卑有序則斯□也□□得接□□不得旋
爲我王智深天機神與心計而能力役焉獲斧斤缺下
利之泉拔有窖□來外蓋其□□挾其流一駐鬼神
若車造化則畫中江漢在□淺深常上蓬萊因多盈
縮然後□遠缺狀□洞之新開飾簷楹之舊制辟□
持之狀至麗而平易之功至□其廣也可以廻車輿
其博也足以列冠蓋幽足以棲隱缺神可以敘事榭
榭松鬱耽耽柳陰長疑九秋不知三伏夏五月王以

唐文續拾 卷四 九

居缺久之缺五字居人缺十二字軍□□廻淨域地變禪宮
固請律儀謂缺九字實缺五字魚□泉缺五字飧缺六字識缺下
實缺下所以洩汙□也□不有命衛缺七字之□水所缺
如此□□大□□志必盡家□缺下□□百缺下戰曾□
□璐曰茲郡□缺下見其□□濟扞獨有此地郡之造
門缺下命於庵未其軍川□□□寮□□碑陰□歲在
作□□會□□□戊辰功畢缺下石刻

李挺

挹建中時揚州高郵尉

陁羅尼幢記

图 11-3 《唐文续拾》载文（三）

附：唐易州刺史张公山亭再葺记

大唐光禄大夫试太子宾客使持节易州诸军事兼易州刺史充高阳军使兼御史中丞符阳郡王张公再葺池□□

判官兼掌书记朝散大夫行司士参军王璿撰□□

上谷，古之郡名，昔韩魏列土，郡即燕国南都之地也。昭王霸有幽蓟，雄据朔易。殆秦并天下，朝市沦替，汉魏已降，空余丘□□/侯或封地为域，树立藩屏，因旧台榭，浚为池沼，□所以壮都邑也。今兹山亭，早为陈迹，稽之年代，考诸兴建，则图籍不书□□/风雨所蠹，倾颓靡葺。/我故相国、司空赠太傅李公，自首除奸臣，秉节恒岳，地方千里，带甲数万，择良将以总戎，任良牧以守郡。得我御□□/阳郡王张公曰孝忠，剖符于兹，逮今三祀。戊午岁，天作霪雨，害于粢盛，人多道殣，邑无遗堵。王之来也，其一之岁□□/郭理疆埸，缉逋亡，恤孤寡，躬问疾苦，坐不安席，志通邻好，忧人阻饥，使屡空之家无不自给，负米之孝知其所归。况征敛□□/输纳重轻之法，人吏一变，奸欺绝源，老幼相携，归府如市。此乃事不师古，抑谓王命维新。寇盗既除，囹圄亦殄，其□□/以营垒湫隘，首渠将校，杂处观寺，军人部曲，寄于闾阎，缁黄酷于腥膻，里巷厄于争斗。王于是相地建营，训以习□□/□□□□□□□□庑库犹阙，积其军实，或时朽蠹，是以菽粒聚于桑门，尘滓秽其毫相。王大葺仓庾，纳如京坻，启自□□/景福。比及三年，兵自戢，民自安，众自和，财自阜，然后散利薄征，缓刑宽疾，况听政之位有阙，王能补，外馆之地不□/王能筑。厚其墙垣，壮其栋宇，开门足以纳币，高视可以临人。甘棠肃如，讼庭无事，或时陟层台，以观云物，下西亭以玩鱼，□□/池，审曲面势，乃匠新意，革旧规，必将棹扁舟，垂钓钩，□凫鸥，独游傲，吏则止水可为江湖，一鸟可齐天地。向若犒师享士，□□/使文武毕会，尊卑有序，则斯亭也，坐不得接□，□不得旋踵。我王智深天机，神与心计，而能力役乌获斧斤□□/利之泉，拔有害之木，外益其土，内狭其流，如驱鬼神，若斡造化。则壶中江汉，在我浅深，掌上蓬莱，因吾盈缩。然后削培塿□□/□洞之新开，饰檐楹之旧制。虽奇特之状至丽，而平易之功至寡。其广也，可以回车舆；其博也，足以列冠盖。幽足以栖隐□□/神，暇可以言诗，静可以叙事。梢梢松响，耽耽柳阴，长疑九秋，不知三伏。夏五月，王以居/相国……宴久之，行君父之礼，礼□□乎心□能□军□境回净域，地变禅宫，因请律仪谓□□/……于水□□鱼于泉亭献诸晡飧王□□/……识……实……所以泄污涝也，义不有命尔□□/……之□水所……恻隐□如此□若大志□□必尽家邦□□/……□□百逝不忘习战。曾顾谓璿曰：兹郡周□□/……也□□往□而见其□□浚抒独有此地郡之遗阙□□/……受命于座末其军州文武□□□□寮□□诸碑阴□岁在作□月会□□景戊辰功毕/

……篆额镌……

六门堂凌虚观碑建立年代及撰书者张庭玉小考

六门堂凌虚观位于易县流井乡建新村西山之上，建筑无存，余一碑及石臼、碾盘等物。

建新村原称“孟家庄”，属于马头村，抗日战争期间独立建村。全村分布于峡谷两侧。大峡谷呈东南—西北走向，长达三十余里。峡谷西侧山峰古称千福山，今称千佛山，是千佛山森林公园命名的实体依据。此山在明弘治、清乾隆等方志中均有记载。弘治《易州志》称：“千福山，在州治北四十里。山有石佛，腰洞六门，景趣甚佳。乡民每岁正月及四月初八日祈福于此。”

接近观址时，布纹瓦片、滴水残片、沟纹残砖屡有发现，石臼、石杵、石碾盘弃置路旁，周边原有几级台地，现已树木丛生。山崖之间，悬有旧屋一楹，半通石碑卧于房前，碑首落在下阶，为羊粪掩盖。

六门堂碑上部损毁较重，伤及较多文字，中间文字亦多漫漶，树碑年代文字缺失。幸有撰文书丹题额者“进士张庭玉”尚可识认，可资年代之推详。明弘治《易州志》，清顺治《易水志》、乾隆《直隶易州志》、光绪《畿辅通志》等方志记载了易州的三位“张廷玉”，且两位明确记载为进士。为推断建碑年代和具体撰书者，笔者根据碑文信息，查阅相关史籍资料，稍有心得，分述如下：

一、六门堂凌虚观碑概况

是碑青白石质，色偏白。双龙碑首，与碑身分体，额题隶书“六门堂凌虚观碑□”。文字竖两行，自右向左。碑身损毁，呈斜线状缺损，最高处约100厘米，宽约70厘米，厚12厘米许。阴阳皆有文字，竖行，自右向左，但缺失较多。碑阳文字共23行，其中碑题1行，上书“六门堂凌虚观碑铭并序”，下署“进士张庭玉撰并书丹题额”；序文15行，由于上端损坏，各行文字不可确计，可见文字最多者为第八、九两行，35 字，但首尾仍不能连缀，记述凌虚观创建发展过程；铭文 6 行，首行可见文字最多，30 字；落款上部缺失，可见文字为“二十四日辛丑观□□苏抱元建、刊者赵□□”。碑文之中，还记录了“易城近北寓，有女道士观”等历史信息，如图 12 所示。

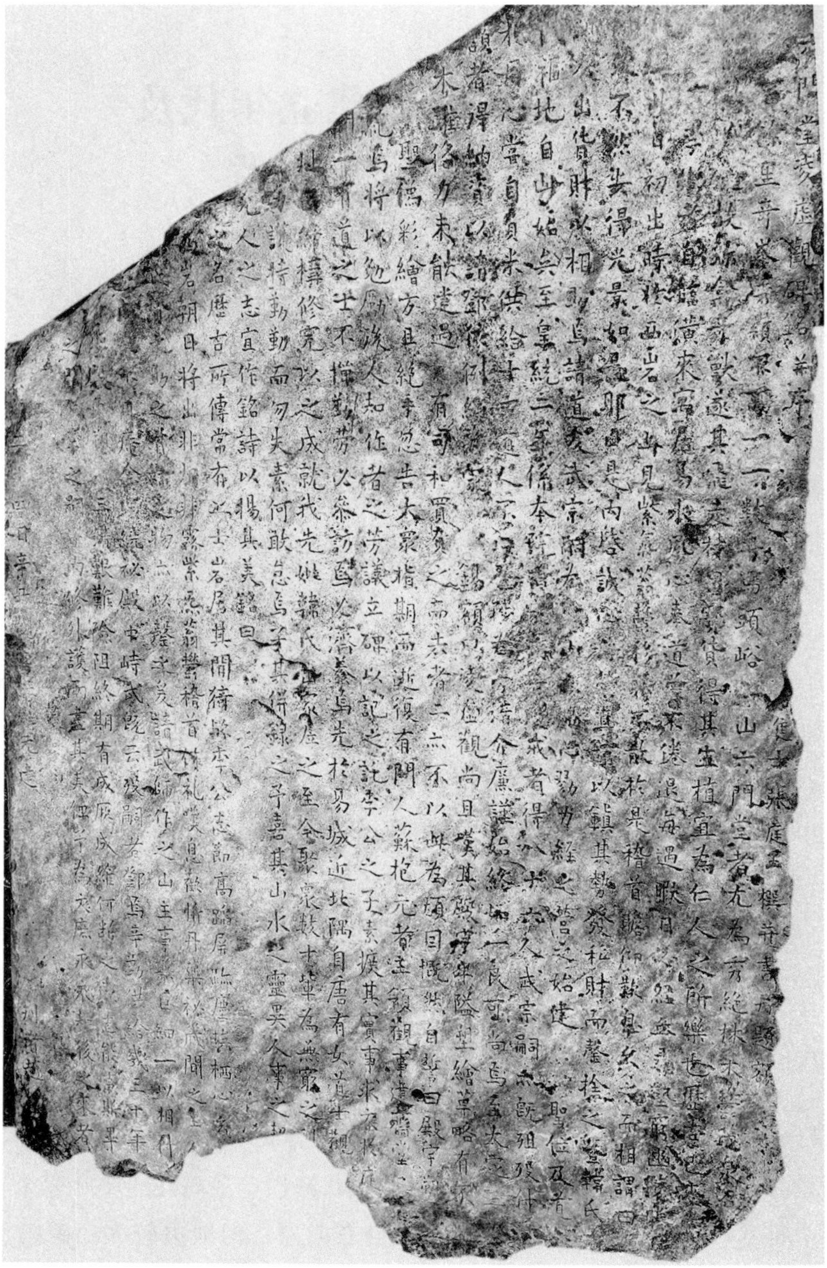

图 12　凌虚观碑阳

碑阴记载本观地基四至、殿宇概况、道士姓名及捐资置观额者姓名，其中述及流井、流召、白羊、黄蒿、名义、司徒、长安城、王村、坑庄、梁村、东关、如上等当时的村落名称，许多沿用至今，是研究考证地名演变的珍贵实物资料。捐资者中，有就近诸村乡民和居住在州城坊市的人士，也有“忠勇”等具有一定官方身份的人员。“忠勇”是“忠勇校尉”的省称，属散官武职，金代始置，正八品衔。观其书写风格，与碑阳非一人所书，重复出现黄蒿、筐山等村人名，似有续刻之举。如图 13 所示。

图 13 凌虚观碑阴拓片

二、凌虚观碑建立年代考

碑文显示，凌虚观是一座拥有客位、住庵、下院，皇统年间人数即达 86 人的大型道观。虽然字迹缺损，但从中可读出凌虚观的周边环境及发展脉络。六门堂本为秀绝之地。当年，李某从临潢（在今内蒙古赤峰巴林左旗境内）来到易县，发现了这个地方，建设了修道的“真宫”，后来其夫人韩氏出资相助，建设圣位，使之成为功能完善的道观，并请道友武宗嗣主持观事。到了皇统二年（1142），“戒者”达到 86 人，是年，武宗嗣过世。其后，邓姓道友接掌观事，历经艰辛，扩大道观，并于大定三年（1163）通过向官府“纳资”入官，由皇家敕赐“凌虚观”的名称。邓公“指期而逝”后，由其门人苏抱元主观事，增建斋堂。人们为了记录建观功德，委托李某之子李素总结整理相关资料，委托张庭玉撰文树碑。根据碑文中述及的相关情况和皇统、大定等年号推断，六门堂凌虚观始建年代大约在金熙宗完颜亶（1135—1148 年在位）时期。

建碑者名款“元”字清晰可辨，“蘇”字后半部可见草字头痕迹和下部“禾”字，“抱”的提手旁存有痕迹，右侧“包”字可辨，可推断为当时主领观事的苏抱元。铭词中称“武既云殁，嗣者邓焉，辛勤供给，几三十年”，可知邓公自皇统二年，掌观事近三十年。苏抱元接任观主后，“建斋堂三”，亦需时日，故此碑大概立于金章宗完颜璟（1190—1208 年在位）后期或稍晚，即公元 1200 年前后。

“凌虚观”的名称为皇家敕赐，尽管关键文字有所缺失，但碑文中“得纳资以请，邓依例纳资，蒙锡额曰凌虚观”的记载，与金代有司校勘寺观名额，许多寺观正式纳入官庙的史实是十分一致的。自唐代以后，无敕额寺观一直受到国家政权的限制和打击。金朝在禁断无额寺观的同时采取让步措施，允许非官方寺观通过“纳缗投状”申请敕额而入官。《金史·食货志五》记载，熙宗皇统三年（1143），施行“入粟，鬻度牒”制度。五年，上谓宰臣曰：“顷以边事未定，财用缺乏，自东、南两京外，命民进纳补官，及买僧、道、尼、女冠度牒，紫、褐衣师号，寺观名额。今边鄙已宁，其悉罢之。庆寿寺、天长观，岁给度牒，每道折钱二十万以赐之。”① 其后有“承安二年，卖度牒、师号、寺观额，复令人入粟补官”的记载。据此，金代寺观纳资入官，于皇统年间施行，虽于五年罢行，但仍留有庆寿寺、天长观等特例。后又于章宗时期复行。据《大金洪崖山寿阳院记》所载，洪崖山寿阳院于大定二十年（1180）转为“官庙”，按“大定三年”计算，凌虚观入官年代早于洪崖山寿阳院 17 年。

---

① ［元］脱脱：《金史》，中华书局 1975 年版，第 1124—1125 页。

三、碑文撰书者张庭玉考

易县历代方志中，记载三位“张廷玉”，一为辽天庆八年（1118）进士张廷玉，志书无其他信息；一为元末的张廷玉，名张琪，言其“元末举进士，隐洪崖山，不复仕，以诗文鸣世”；一为金章宗时期的张廷玉（张庭玉）。按照年代分析，碑文撰写者以金代张廷玉为可信。

辽代张廷玉1118年登第，距立碑时间80余年，算上他中进士时的年龄，其时应过百岁，即使能享高寿，书写水平也已经难以保证。元末张廷玉过此130多年，与苏抱元难以同时在世，且“廷玉”为其字，古人自称用名以谦，他人称字以敬，如果为他所撰，署名张琪方为妥当。

金代张庭玉《即事》一诗收入元好问所编《中州集》卷九，其小传为：“张庭玉，一首。庭玉，字子荣，易县人。能日赋百篇，有集行于世。”明弘治《易州志》等方志亦作“廷玉”。上海编辑所影印宁波天一阁藏弘治《易州志》卷十一第六页记载：“张廷玉，本州人，幼善诗。其友邢进之尝谓曰：‘昔刘光远日赋百篇，子能继乎？’翼日黎明，搜题百种授之。廷玉挥翰不停，日中已就。承安初，徵至，出内题试之，比日斜，赋七十余首录上，章宗叹赏。当时负文章重名者皆推服之。尝隐居盘溪，因号盘溪居士。”民国《易县志稿》第969页记“《盘溪居士诗集》，金张廷玉撰”，并引《元史·艺文志》称，“廷玉，易县人，号盘溪居士”。参照同时代魏道明撰《大金洪崖山寿阳院记》等资料有关盘溪的记载，张廷玉所隐居的“盘溪”即“六门堂”所在今建新村至盘神庙村一带山川，自六门堂路口缘溪而上十数里，旧有盘溪寺，今存遗址。

现有资料中未见张氏为进士的记载，清光绪《畿辅通志》等方志在记述科贡时坦言，年代久远，资料缺乏，难免阙疑。张庭玉的进士之称，从“召试”一典中似可循见缘由。“召试”是指皇上召来面试，为封建时代选拔人员的一种特殊方式，《晋书》之中即有记载。宋代大词人晏殊通过宋真宗召试诗赋，被赐予“进士出身”。《金史·选举志一》记载：“（章宗）明昌元年，益都府申：‘童子刘住儿年十一岁，能诗赋，诵大小六经，所书行草颇有法，孝行夙成，乞依宋童子李淑赐出身，且加以恩诏。’上召至内殿，试《凤凰来仪》赋、《鱼在藻》诗，又令赋《旱》诗，上嘉之，赐本科出身，给钱粟官舍，令肄业太学。”① 雍正《畿辅通志》卷七十九《人物·文翰》第二十二页对张庭玉参加“召试”有确切表述：“张廷玉……承安中召试，俄倾成七十篇，章宗叹赏。”据此，这位张庭玉署“进士”当有出处。无论哪种情况，《六门堂凌虚观碑铭并

① ［元］脱脱：《金史》，中华书局1975年版，第1149页。

序》的发现，都可完善有关张庭玉的记载，以补史志之阙。

兹将所遗碑文分行照录，试加简注，并将魏道明撰《大金洪崖山寿阳院记》附于文末，以资参照。

碑阳：

第一行：六门堂凌虚观碑铭并序。进士张庭玉撰并书丹题额

第二行：……百余里，奇峰秀岭不可一一数计，马头峪□山六门堂者尤为秀绝。林木郁茂，泉石□

第三行：……珍禽奇兽，遂其飞走，材用宝货，得其生植，宜为仁人之所乐也。历古已来□

第四行：……李□者，自临潢[①]来，寓居易水，夙心奉道，曾不倦退，每遇暇日，必经丘寻壑，穷幽览胜

第五行：……此日初出时，于西岩之上，见紫气蓊郁，移时不散。于是稽首瞻仰，叹息久之，而相谓曰：

第六行：……致。不然，安得光景如是耶？由是内启诚心，□营真宫，以镇其势，发私财而罄舍之。暨韩氏

第七行：……观□出货财以相助焉，请道友武宗嗣为□山□，协心勠力，经之营之，始建圣位及道

第八行：……门福地，自此始矣。至皇统二年，系本院结缘□□□戒者，得八十六人。武宗嗣亦既殂殁，付

第九行：……于同心，尝自负米供给十方道人，不以□□为劳，清介廉谨，始终如一，良可尚焉。至大定[②]三

第十行：……额者得纳资以请[③]，邓依例纳资，蒙锡[④]额曰“凌虚观”。尚且叹其殿宇卑隘，塑绘草略，有不

第十一行：……木虽备，力未能达，遇有司和买[⑤]，负之而去者二，亦不以此为烦，因慨然自誓曰：殿宇塑

第十二行：……圣像彩绘，方且绝手，忽告大众，指期而逝。复有门人苏抱元者，主领观事，建斋堂三

第十三行：……绝焉，将以勉励后人，知作者之劳，议立碑以记之，托李公之子素，摭其实事，求文于庭

第十四行：……闻一有道之士，不惮功劳，必参访焉，必济养焉。先于易城近北隅，自唐有女道士观，曰

第十五行：……北□，缔构修完，以之成就，我先妣韩氏出家居之，至今聚众数十辈，为无穷之利益

第十六行：……护持勤勤而勿失，素何敢怠焉，子其并录之。予喜其山水之灵异，人事之契合

第十七行：……先人之志，宜作铭诗，以扬其美。铭曰：

第十八行：……□□之名，历古所传，常有上士，岩居其间。猗欤李公，志节高蹈，屏迹尘埃，栖心玄妙。

第十九行：……□□西岩，朝日将出，非烟非雾，紫气蓊郁。稽首作礼，叹息欢忻，丹药秘藏，闻之上人。

第二十行：……□□□氏，赞之助之，赀□之物，亦以罄之。爰请武师，作之山主，事无巨细，一以相付。

第二十一行：……□□□□，□□不日，庵舍环绕，秘殿中峙。武既云殁，嗣者邓焉，辛勤供给，几三十年。

第二十二行：……□□□□，□圣殿□，塑□三清，艰难险阻，终期有成。厥成维何，断之以志，能事斯毕，

第二十三行：……□□□□。□之门□，李之嗣子，内修外护，两尽其美。俾予为文，庶永不知，后之来者，

第二十五行：……二十四日辛丑观□苏抱元建。刊者赵□□。

注释：

①临潢：在今内蒙古巴林左旗林东镇南，南临于潢河。辽太祖神册三年（918）命汉人康默记营筑，称皇都。辽太宗会同元年（938），改为上京临潢府，为五京之一。天庆十年（1120），金攻取上京，后改称北京，为金五京之一。又改为临潢府路。

②大定：金世宗完颜雍年号，1161—1189年。

③纳资以请：金代实行寺观名额官卖制度，寺观向官府交纳资财后纳入官办。

④锡：通“赐”。

⑤和买：本意为两厢情愿的交易，始见于先秦时期，主要是满足军需。宋代实行预买制度，官府将需要的物资向民间订购，先期支付价款却远不足成本，到南宋时期完全演变为定额税。

碑阴：

上端左侧存“李中郎”三个大字，自右向左刻写。右侧缺失不知所在。中间竖行

小字“主事安押”。

第一行：……殿宇庵舍等……岭……至巷庄峪西至白□分水……

第二行：□□西北分水岭内有祖坟一座，正殿一座三间四椽，厨房两间，门屋一座，山神堂一座，吕□□

第三行：□□全客位并道住庵大小一十五座，下院一座，东至梁家地、南至河、西至观家岭头、北至河。

第四行：□具本观住持姓名下项。首座道士田宗仁，道士吕仙真、郑福真、傅元纯、苏元宁。

第五行：前威仪正一法师刘云彦、前威仪都功法师陈元庆、管内威仪驱邪院法师苏义真。

第六行：高馗亨、朱玄清、王元兴、齐元道、高元真、张道清、梁初童、于玄童、邢山童。

第七行：请住女真侯善清、崔云登、齐元演、李公信、陈元净。

第八行：今具置观额、特建圣堂、塑绘三清真像一坛，并见置碑、井檀信施主下项。本村：故梁孝贞

第九行：前妻张氏、后妻刘氏，男宗济。在州：故崔傅氏，男士元、女婿高元亨、女高崔氏、外甥

第十行：高源。李公彦、张容、田甫、李庆延、田资、张儒、郑资荣、张宗贵、

第十一行：郑公云、王宗吉、梁得兴、张公才、梁孝兴、王师姑。筐山村：李赟、闫宗贵、傅忠义。

第十二行：在州坊市：郭伦、前妻李氏、后妻牛氏，杨仲晖。忠勇：张祯、男彦周、男妇王氏，

第十三行：田璋、崔信、崔太、崔三、刘院。豹泉村：于公进、郭荣、郭禄、兰公振、刘仁伟。

第十四行：流井村：苏三郎、苏均、苏公甫、苏公良、苏郦氏、苏二公、魏公政、魏公彦、王庆、

第十五行：孙兴甫、张贵。流召村：刘庆宗、魏九公、张永进。梁村：刘惠、梁守忠、岳评、

第十六行：李二公、李三公、梁秀才。店北村：吕五郎，吕七郎，吕八郎、女婿刘琛、刘郎、庞郎。

第十七行：名义：刘小郎、王全、王评、必运、长如、高武氏、张贵、于宗信。

司徒：牛璞、

第十八行：母张氏，李松延。东关：史信、范居源、杜颖、范宗如、傅威。坑庄：张平素、刘评。

第十九行：如上村：洺渊、陈敬让、薛公超、殷利贞、许大郎。黄蒿：王祁、王子周、严忠信、刘评。

第二十行：砚堂：宋博士。长安城：王忠、赵纯。王村：白守一、白守正、白守中、刁山、冯公义。

第二十一行：白羊村：刘亦、张寿、李公义、梁兴友、王时、张兴、于渊、张伯玉、李四儿、刘顺、

第二十二行：张兴寿、刘二、张金、傍三、于信、于三、刘三、梁民、李守忠、李公彦。

第二十三行：黄蒿：王孝义、解信、柴宽、梁信、李全、苏振。

第二十四行：筐山村：李五郎、安宗嗣。

大金洪崖山寿阳院记①

碑高三尺八寸，广二尺四寸五分，三十七行，行五十八字，正书。篆题额“洪崖山寿阳院之记”。在易州西北三十里黄坡奶奶庙。

正议大夫前安国军节度使兼邢州管内观察使提举学校常平仓事护军巨鹿郡开国侯食邑一千户食实封壹伯户赐紫金鱼袋致仕魏道明撰文

奉训大夫前河间府河间县令兼管勾常平仓事龙骑尉赐绯鱼袋致仕李嗣周篆额，巨水田秀实书丹

洪崖山者，古仙人炼丹之地，山势雄秀，景物清胜，隶易县流井里，南距本州一舍之遥。山有石室，外隘中宽，仅容二十余人，如堂宇可居，院中甘泉（下缺）盈不耗。东望东流岗，耸翠千仞，北邻千福山，崤崄际云。西南有丹霞洞，亦古道流宴坐之所。其南空阔，一望千里，山下大河，滔滔东注，真幽人栖隐之□也。往常时有一□孤住于此，因石堂为室，号□□□，行业清苦，檀信奉事十余年□去。大定初，道人白冲元来住此院。冲元固安人，本州龙□观陈□仪弟子，性纯谨，喜办事，与张山人彦真同心营葺，錾田数十亩以资道用。有道士张存诚者，宣德州人，先住山下，辨空者，德行高洁，人心所归，于是□人乡老迎住寿阳。又有道人安守希惠然而来，愿为竭力，同声相应，弟子至二十余人。乃平持院地，垒甃凹埳，建归依堂一所，东西

① 引自陈垣编《道家金石略》，文物出版社1988年版，第1055页。

廊房各数间，渐成□叙。久之，存诚退院，举安守希为□。［大］① 定十五年，本州中翊校尉郭希纯游山至院，念其潇洒，重建正殿三间，后堂亦三间，常岁给施钱粟有差，永为功德□。次有张校尉彦周并妻王氏，因寻胜周至山门，爱其风景，特欲结缘。纵步东峰，因顾而叹曰："此峰气象尤佳。"因即其处建后土祠，一位圣容，壁像塑绘，□工鲜丽②，招置看庙人给香火洒扫之役，又于山下施田五十五亩，以助日用。［大］定二十年，有司校勘寺观名额，此院例得系籍存设。泰和三年，安守希与流井耆老上户同议曰：今此道院创始之际，须藉名师为之发扬。窃闻千福山盘嵖寺刘真人者，住行清洁，有大因缘，盍往迎之。佥曰可哉！乃□状同诣盘嵖，恳请真人来住此□院。刘真人名若夷，定兴陈村人，幼岁出家，性谨厚，历住道场，奉侍尊宿无忤意者。后至南沙垈福建观，礼王真人为师，亲炙诲益，积勤既久，以恩得度。洎王真人归寂，刘师嗣行其道，以符水济人，病者辄愈，由是人人敬□而尊事之。性喜幽静，累居山院，在盘嵖数年，檀施孔多，门人至三十人。有信士欲为起废者，或曰："此实僧蓝，一旦修治如法，必起争端。且其像设皆释□法，终恐非计。"方拟议间，会寿阳院请疏至，真人欣然应命，即携锡迁居洪崖，道众随之至四五十人。展立庵舍，整葺颓弊，一众大安，远近布施，道□日丰。朝真礼斗，晨夕匪懈，上以祝延国寿，下以福利群生，四方依归，道风甚美。于是诸执事者咨于师曰："往岁此院湮废无几，自白生两张□□源，安生救其中，然有屋宇具体而已。自□师之来，人徒日增，庵舍日广，比之前日，何朔十倍。□□此时磨石刻字以记之，过此以往，时移事易，谁复知者。"师笑曰："学道日损，以至无为，汝道□者流，犹屑屑而求名乎？名者，实之宾也，将安用哉！"执事者复进曰："道虽忘言，非言何以明道，故老氏之五千，庄生之八万，皆言也。炳如日星，垂之简册，□非此书传授，吾道几乎息矣！师虽奉道，世之名教，何可忘邪？"师曰："汝等意坚，吾何拒焉。"于是录开山本末以授予，求记其事。予旧识真人，不敢□衰老为辞。退而操思，颇烦其山名黄埚，院名受阳，鄙俚不典，因访诸耆宿，得质其是非，无□知者。偶登□□望北山悠然遐想，忽有孤鹤□然长鸣，掠城□而去，众目咸睹，无不骇异曰："此何祥也？"已而予假寐于西轩之下，梦一道士，缟衣玄裳，揖予而坐曰："闻公欲为真人作道院记，□因俗子俚语，遂传固陋，吾将告公以其实。夫黄者洪荒之义，埚者崖也，黄埚即洪崖也。洪崖，古仙伯之号。受阳者，承阳也。院以承阳为名，有何旨趣，不□寿阳。盖人居山阳，必多寿考，且寿阳者，古□名，岂不有□□而可谅也哉！"语毕，长揖而去。予亦惊寤曰："鹤仙之告我，何其详邪？"因摭其说以为洪崖山寿阳院记。□□刘真人尝往来于龙兴，予屡得瞻奉颜

① 超案："定"上应有"大"字，下"定二十年"同。

② 此处碑原衍"鲜丽"两字。

彩，其为人，长厚君子也。所在之处，人来参礼，求乞符水，憧憧不绝，予叩之曰：“此皆取效乎?”真人对曰：“信则效，否则不效。”予绝叹其言之有理。□泰和初，吾州夏旱，有司祈祷，连月无应，或白太守曰：刘真人精进有行业，试令请雨，□感格。于是太守发使诣盘嵠请师，师来设醮于龙兴，一夕甘雨霑足，阖境大悦。予目睹其事，此岂常人所能办哉！其山门四至，东至灰崖分水，南至□院崖，西至大岭分水，北至黄崖山顶。乡人上户立状奉施，界内仍断樵采。往时土人剪伐，山无寸茎，今兹守护，渐成林树，蔚然可爱。非真人□□行有补于生灵，乌能成就如是之伟丽邪？系之以铭曰：

洪崖山头白云飞，洪崖山下行人稀，仙翁昔乘赪虬归，石堂丹灶空余基。千载而后继者谁，白生两张安守希，开山经始小住持，手錾石田甘蕨薇。盘嵠真人刘若夷，肯来驻锡栖云靡，书符咒水起久痱，憧憧檀信来归依。门徒四十人有奇，朝夏礼斗多威仪，为报国恩祝寿祺，山门日月增光辉。我求道迹访是非，人人异说胶从违，洪崖之名其庶几，此语得之丁令□。

泰和六年岁次丙寅七月望日安远大将军行易县令兼管勾常平仓事乌古孙换都立石

功德主忠翊校尉涞水总□承直郎前应奉翰林文字同知完颜颜剌信武将军罕都鲁谋克备察宣武将军凹斜改谋克仆散讹鲁不承信校尉□

真人语录一帙曰直言易悟集

法眷安守希门人王道清张道渊崔道守刘道秀董道隐朱道谨王道□立石

（碑阴）

尚书礼部：

圣旨：刘若夷与度牒者。

牒：奉敕，可与披戴为道士。牒至□敕，故牒。

令史刘政□

大定二十八年二月十三日

主事朱庆之

奉政大夫礼部郎□兼翰林修撰同知制诰路

翰林直学士朝散大夫知制诰兼太长少卿礼部郎中赵押

童威将军礼部侍郎兼翰林直学士知制诰同修国史耶律尚书

宝石云溪院碑刻丛谈

云溪院位于易县坡仓乡宝石村大秋沟寺上自然村，为一群山环抱的小盆地，进村道路沿山谷蜿蜒，溪水潺潺，鸟鸣天籁，植被茂密。

云溪院塔位于云溪院南面的山顶上，如图 14 所示。2002 年，当地居民向文物部门报告，山上有佛塔一座。时任易县文物保管所所长张洪印组织调查，发现此地原有云溪院，故命名为云溪院塔，但由于缺乏佐证资料，未能确定塔的营建年代。2005 年，云溪院塔被易县人民政府列为易县重点文物保护单位。同年，当地人士复建部分殿宇，并塑造佛像，扶立碑刻。2008 年第三次全国文物普查时，笔者与李连柱、解彦田、郝志国等将所存碑刻进行登记。

为进一步加强文物保护，研究寺院历史，2018 年 3 月 10 日，笔者与于正万、赵文彰赴实地调查，辨识抄录碑文。调查发现，寺院旧址现存较完好的碑刻 2 通、石刻寿塔 1 幢、塔铭 1 方。另有残损刻石若干，字迹稍可辨识，但不易连属。所存石刻除塔铭为汉白玉外，其余均以当地花岗岩制作。是日，抄录了民国年间所立重修碑和明代塔铭。此后又于 4 月 5 日、10 日两次前往，对开山珍公寿塔记和明成化十年（1474）重修碑进行调查，完成碑文抄录。9 月 6 日，河北省社会科学院《河北学刊》副总编冯金忠研究员、河北师范大学赵生泉教授为中国禅宗史研究课题，专程来易调查，笔者与河北省金石学会理事、易县燕文化研究会会长丁志钢一起陪同前往，用投影比例法，对云溪院塔的高度进行测量，测得数据为 6.3 米左右。

乡贤谢子深、谢朋怀等谢氏族人热心文物保护，对于我们的调查活动给予了大力支持。而且，曾经有人试图出资数十万元买走寿塔，合族严词拒绝。

寺院旧址坐西向东，台地地貌。现有一民居将其分为南北两部分。二级台地北侧为一间庙宇，当地人称全神庙，坐北向南，为原有建筑，因曾作为村集体库房得以保存。门前左侧为民国年间碑刻。“开山珍公寿塔”位于全神庙上级台地地埝。民居南为复建庙宇，庙前水塘一处。正殿三间，坐西向东，南北配殿各两间，分上下两级，明

图 14 云溪院塔

成化重修碑位于下级北配殿前，碑阳向东。

一、开山珍公寿塔

“开山珍公寿塔”略呈八棱柱体，高 123 厘米，东西两边长各 34 厘米，南北两边长各 29 厘米，四角斜切，宽约 10 厘米。正面向东，竖行阴刻楷书“开山珍公寿塔”；东南、南两面刻寿塔记文，字皆颜体楷书，竖排 9 行，其中正文 7 行，满行 33—35 字；西南面刻有道恩、德圆等徒众法名，所称寺名为“文王寺”。寿塔的另外几面，刻有“大佛顶尊胜陁罗尼曰”“无量寿佛往生净土陁罗尼”等经文，亦中文楷书。如图 15 所示。

图 15　开山珍公寿塔

此记的撰写者自称野衲道某，一字损毁，不可辨识，落款时间为至元二年七月一日，即公元 1265 年。据此记所载，云溪院的开创者至珍，俗姓开氏，河南蔡郡西平人（今驻马店市西平县）。开姓为河南上蔡等地区特有的少见姓氏，由姬姓衍出，周文王之后，现河南上蔡县有开陈村。1230 年，窝阔台制定灭金战略，1232 年（壬辰年），蒙古军队围困开封，迫使金哀宗出逃，两年后，蒙古军进攻蔡州，金国灭亡，这一阶段史称“壬辰之变”。经历此变之后，珍公如浮萍断梗，漂泊在黄河以北，到燕都（今北京）竹林禅寺礼海云为师，剃度出家。

海云是金元之际北方佛教的临济宗师。据北京法源寺所存《大蒙古燕京庆寿寺西堂海云禅师碑》记载，海云禅师曾到“易之兴国”传法。民国《易县志稿》第 320 页记载，易县兴国寺始建于宋太宗赵匡义太平兴国年间（976—984），民初尚存天王殿，殿中有古石佛像一尊，殿前后废址有辽、金、元代碑刻。考诸清乾隆十二年（1747）《直隶易州志》卷一第十页所载《城池图》，兴国寺位于清苑驿北，嘉会街北端，约在今开元北大街易县百货大楼路西。民国《易县志稿》附图中绘有天王殿。清苑驿即今联通公司所在。海云禅师能够来易传法，可见当时易州在佛教传播中的重要地位。珍公于易州选址开山，与海云禅师于此传法当有密切关系。

珍公北上，当是海云于燕京竹林寺传法之时。辞师之后，在琅山（即今狼牙山）西北云溪创建寺院。据此判断，云溪院初创之时，易县地区在蒙古统治之下，但历史意义上的元朝还没有建立。珍公 75 岁时，门人弟子“惧其风烛掩及”，为他建造寿藏。寿藏，又称生圹，即生前预筑的坟墓。落款为寿藏建造时间，珍公何时圆寂没有述及。

寿塔记称“师之行迹已备载乎院之碑”，在寺院旧址，存有一碑石残块，约 40 厘米见方，数十字可识，上有“西平人也，俗姓开氏”之语，所述人物当为珍公，但依据其他信息推断，不为院碑遗存。

附：云溪院住持沙门珍公寿塔记

云溪院住持沙门珍公寿塔记野衲道□撰

公讳至珍，俗姓开氏，河南蔡郡西平县人也。素习儒宗，志行清洁，闻释氏之风，莫不欣慕。/自罹壬辰之变，萍梗河朔，遂不远千里，直造燕都竹林禅寺，礼国师海云为亲教师也。既/而削染，不惮艰辛，凡所鄙事，自服其劳。厥后于日用中默有所得，遂辞师南越，易郡琅山之/西北云溪为栖止矣。既至，遂除荆棘，创建堂庑，不数年间，百色俱备，非有手段者，孰能预于/此哉！公寿七十有五矣，门人道谨等惧其风烛掩及，各罄衣盂，为造寿藏。仍以玉石为幢，刻/世尊密语安置于其上，记述事迹以传于无穷，责为人子者之能事毕矣。因嘱予为叙。予曰：/“师之行迹已备载乎院之碑矣，岂待浅辞而后发明哉?”辞不获命，勉为之记云耳。

乙丑岁至元二年七月一日丁丑朔建。

徒门下师□文王寺山主道恩，小师德圆，监寺道谨、道通、道然、道慈，法孙德善、德妙、德众、德庆。

二、明成化重建云溪院之铭记

《大明国直隶保定府易州碧玉乡西文王重建云溪院之铭记》碑，刊刻于明成化十年(1474)。碑身高202厘米，宽74厘米，厚16厘米。双龙碑首，龙头下行，高65厘米。碑阳留有高33厘米，宽16厘米镜心，上下两部分刻有文字，上部自右向左竖排四行：皇图永固、帝道遐昌、佛日增辉、法轮常转；下部自右向左：云溪院记。碑阴镜心与碑阳等大，亦分上下两部分，均刻有文字，上部自右向左：临济宗派；下部自右向左竖排四行：智慧清净、道德圆明、真如性海、觉照普通。碑文竖排24行，刊刻时间署“成化拾年正月”，与碑阳相同。碑身树立于龟趺座，座长150厘米，高40厘米，宽80厘米。碑座与碑体均以当地花岗岩制作。此碑原位于阶下水塘边，是处原有山门、台阶和水井，2005年复修庙宇时移置于现在位置。

碑记自右向左竖行排列，共24行，满行45或46字，遇有皇家相关内容，采用抬写格式，部分内容以退格逊让方式处理。其中赞语4行，共27句，每句4字。

开篇引用雷音传法、白马驮经、鹿林初度、二殊（株）嫩桂等典故，以简略的文字介绍了佛法传入中国及禅宗祖师达摩来中国传教创立教派的经过。鹿林初度摩诃男等五人，是佛教典籍中所记载最早出家的五位佛弟子阿若憍陈如、阿说示（又译马胜）、跋提、十力迦叶、摩诃男拘利。他们原为释迦牟尼佛之父净饭王派遣随侍释迦修道的臣仆，因见释迦放弃苦行，舍之而去。释迦成道后，首次于鹿野苑为他们说法，于是这五人出家，从此便有了最初的五比丘和比丘僧团。吾祖西来，二殊（株）嫩桂，所言是达摩来中国传教，开创禅宗的过程。传说达摩是天竺国香至王的三子，自幼拜释迦牟尼的大弟子摩诃迦叶之后的第二十七代佛祖般若多罗为师。524年，达摩远渡重洋来到广州，北魏孝昌三年（527)，来到少林寺，将其作为落迹传教的道场，开创中国禅宗一脉，所以少林寺是中国禅宗的祖庭。临济宗是禅宗最大的分支。来中国之前，般若多罗嘱咐他不要在南朝停留，并予偈语：路行跨水复逢羊，独自栖栖暗渡江。日下可怜双象马，二株嫩桂久昌昌。预言达摩祖师远渡重洋，在广州羊城踏上中国土地，次年丁未羊年到金陵。在南朝首都金陵试度梁武帝不契，独自一苇渡江去了北朝北魏。双象马，指梁武帝京城傅大士和宝志公两个高僧，他们知道达摩祖师是观音菩萨，很是仰慕。二株嫩桂，是两个小木，即“少林”二字，暗指少林寺。碑文中“贰殊嫩桂”

图 16　明云溪院重修碑阳

的“殊”字，或为笔误，或可理解为出众。

根据撰碑者济庵所述，云溪院早有名声，但他追寻考证所创年代的时候，当地人感到奇怪，声称早已失去信息。根据前述珍公寿塔记所载，云溪院初建于忽必烈建元之前的蒙古时期，到此碑刊刻树立，历经百年有余，其间战乱频仍，人口迁徙无定，易县地区的很多人口为明初从塞外小兴州（在今承德滦平县境内）迁入。[①] 所以，寺院毁于兵燹，“招提悉为灰烬”。由于人口迁徙而源流失考则不足为奇，但可以断定，成化年间修寺立碑时，没有发现开山珍公寿塔，于今所见寿塔为其后复立。

碑文记录了卫所指挥崔荣、弟崔启，乡贤陈惠能、贾璘等人延请高僧清慧，与众人协力重修云溪院的事情。明代以前，易县分杨林、碧玉、司空、凌云、隐隆五乡，明洪武二年（1369），省入易州，改划三十八社。树碑时使用“碧玉乡”乃沿用历史地名。开山珍公寿塔建立者道恩称“文王寺山主”，碑题和落款称此处为“西文王”“文王山”，可推知历史上此地曾称文王山，但求诸耆老，多年未闻有人使用。所称“州指挥”“卫指挥”，时为卫所长官，明代卫所的官员设置有卫指挥使，正三品；指挥同知，从三品；指挥佥事，正四品；卫镇抚，从五品；以下还有经历、知事、吏目、仓大使和副使等，自卫指挥使以下军官多为世袭，崔荣的品级概在正四品以上。明代卫所跨州府设置，上归都司，一般下辖三个千户所，不属驻地州府管理。驻在易州的为茂山卫，原驻于保定府，属大宁都司，同期还设有紫荆关千户所。茂山卫于景泰三年（1452）移置易州州治东南五百步许。卫厅、抚所、东西城楼，指挥龚让建。成化二十年（1484），指挥王瑾、王中正相继修建。崔氏昆仲不见于史料记载，碑末署名为“富峪卫指挥”。富峪卫驻今平泉。在碑阴列名之中有“崔荣”，记为“顺天府涿州施主”，崔信、崔忠、崔寿等记为“富峪卫指挥”，可推知崔氏为世袭军户。赞辞中“里人崔客”将崔氏与里人对应，可知其为客居易州，其任易州指挥，概于龚让和王瑾之间，云溪院兴复即于景泰至成化的二十多年间。

碑末落款列名者中，有四位本院僧人：住持沙门清慧和比丘净宝、净钺、净鑰。按照碑阴碑首所列临济宗衍派辈字，清慧为“净”字辈之师。据碑文所载，清慧为陕西西安府耀州三源人，俗姓张。三源，即今三原，明属耀州，今属咸阳。正统八年（1443）三月，清慧钦奉圣旨出家，请给授业于中南山鄠德禅寺，师从住持僧、都刚咡里赤。都刚，即都纲，明朝所设僧职。明洪武十五年（1382）置僧录司，各省、府置僧纲司，州置僧正司，各县置僧会司，专管佛教事宜。其中，僧纲司设都纲 1 人，品秩从九品；副都纲 1 人，品秩未入流。僧纲和副僧纲，一般由通晓经义、恪守清规、在僧俗中有威望的僧人充任，为政府管理僧人和宗教事务的官员，由礼部移咨吏部注

① 寿鹏飞：《易县志稿》，学苑出版社 1990 年影印本，第 598 页。

册。撰碑者自称云水野纳济庵，云水为云游僧人的雅称，而野纳是其谦称。

碑阴记录列名者中，有东云溪寺住持真如。孟桂良《易县碑目》记载，云溪寿公道行碑“首题大元大都路易州易县来山里永安寺都纲云溪寿公道行碑，大都大万寿寺传法嗣祖林泉野老从伦撰并篆额，古燕定意寺圆融慈济大师宗政正书并镌。至元十七年庚辰岁孟冬上旬日，在来山永安寺内”①。考诸此碑所立时间，与云溪院开山珍公寿塔树立相近，两寺或对称东西文王、东西云溪。碑阴末尾“云溪院就住园林山荒地土之记”记录了云溪院园林山荒地土四至：“东至下石堨东，朝向石湖埚；南至张大岭北鞍子南，鞍后□岭子；西至落落分水岭□大埚；北至番子岭与□家埚。四至内园林地土，本院永久为业。□府施济沙窟果树地土，乔文秀□施沙荒种植林地□□□□地南至行郎崖，北至梨园岭分水界，西至□山埚，其所种植园林□□尽给与……”此处，“埚”通“坨”，意为高而平的山峰。番子岭、落落等地名至今沿用。

图 17　明云溪院重修碑阴

此碑由撰文者济庵额之书丹，楷书兼具魏碑韵味，金石之气浓郁。书写之中，异体字和俗写字较多，许多为笔者在易县碑碣石刻中首次发现。

第二行第 8 字“并”书为“竝”；第五行下数第 11 字“乃”书为“迺”；第九行末字“尔”书为“尒”；第十行第 33 字、第

① 孟桂良：《易县碑目》，载《北平燕京大学考古学社社刊》1937 年第 6 期，第 235 页。

十九行最下一字、第二十二行第5字之“年”均作“季”；第十行首字“佛”书为“⿱弗大”，第6字“四”书为“亖”，如图18所示；第十八行第9字“会”书作“⿱山万”，如图19所示。

图18　佛、四

图19　会

第三行第24字“伍人”、第十四行下数第11字“后人”、第十五行第10字“门人”的“人”字书为“𤯔”，而其他6处都以正体“人”字书写。“𤯔”是武则天当皇帝时颁行的新字之一。

第十行“正统捌年叁月”和第二十二行“甲午正月”之“月”字均书为“囝”。

图20　月

“囝”在《康熙字典》中有“与月同，唐武后作”之解。有些学者认为，从武后新字中不能查到一致字形，故不属此类。武后所颁月字确为外围圆圈内含“卐”字，与“囝”字差别明显。西安碑林博物馆修复的“大周故郢州刺史杨府君之碑”中，“月”字外围为一圆圈，如图20所示，如以方块字书写，与“囝”即为一字，《康熙字典》所言有据。

此碑中的数字书写多样，且无规则可循：伍人、捌年、拾年、叁月、贰殊，如图21所示；一日、二则、二官人、三复、再四；三大部洲。最为特殊的是“弋”字的使用，见第十三行“大殿弋所”、第十六行“弋则显扬佛道”，如图22所示。“弋”字在可查到的辞书中，有小木桩、射猎、鸟、黑色、姓氏、水名等解，但在碑文语境中皆不可通，唯作表意为“一”可解。数字大写就是利用与数字同音的汉字取代数字，以防止数目被涂改。明清之际学者顾炎武所著《金石文字记·岱岳观造像记》云：“凡数字作壹、贰、叁、肆、伍、陆、柒、捌、玖等，皆武后所改及自制字。”唐白居易在《论行营状请勒魏博等四道兵马却守本界事》中有这样的记述：“况一月之费，计实钱贰拾漆捌万贯。”顾炎武认为，这个“漆”字中的三点水是宋人印行《白氏长庆集时》妄自增刻，本来没有。后来“漆”简化为“柒”，又省作“七”。弌、弍、弎等都作为大写数字使用，字形与通行写法有异，可见大写数字经历了较长的流变过程。同时，书写之中文字省写历代有之，或因避讳，或因其他。“弋”与“一”唯声调不同，符合过去以同音字代表数字的通行做法，并且在碑中“弋则”“二则”递进使用，“大殿一所”的表述在同类其他碑刻中最为常见。综合以上因素，所涉两处“弋”可作为“一”的大写形式认定。

图21　年、月

图22　人、一

附：明成化重建云溪院之铭记

大明国直隶保定府易州碧玉乡西文王重建云溪院之铭记

云水野纳济庵撰并额之书丹

盖闻能仁出世，雷音[①]传法，白马演教[②]，鹿林初度摩诃男等伍人。吾祖西来，贰殊嫩桂，创业古行如是，今亦曷为？噫！/夫云溪之高名，寔至幽深幽邃矣，足可以为叹也。余欲推徵立之所代，奇者语曰："亡矣夫！"故弗知于奚年也。自今/圣朝开辟已来，奈缘招提悉为灰烬尔，孰悯斯哉。然湮没而隳焚，微有兰勳旧址，复乃历诠肇迹，察其栖安，必遇/修崇之致也。奚为斯之言欤？有山之耸，不亦势雄乎；注涓水之滔滔，不亦壮气乎；处地之秀茂，不亦济民乎；毓/人之贤善者，不亦诚信乎；观夫如斯之奇绝，弗亦兴盛乎！果有本州指挥崔荣、弟崔企，久治民之和睦，其性志淳/孝悌，廉且远耻阿党，乡里无不美誉焉。公之恒慕者，乃今之梵刹也，尝以朝夕而不为，一日喟然叹曰："呜呼，嗟佛宇洎/廊庑，奚日而得完矣？"繇兹恻怆之心，同谋耆老，人等悉听，陈言必有忠，众咸从之，共诚敦请德缁[③]流足为之主，公至尔[④]。奈[⑤]/僧本贯陕西西安府耀州三源人，俗姓张氏，爰祖及父母志清淳，因兹于正统捌年叁月内，于奉天门[⑥]钦奉/圣旨，请给授业于中南山[⑦]酆德禅寺，乃礼都刚呾哩赤为师，即今住持和尚，法讳领占昝卜之是也。时受请讫，偕/皇度[⑧]，凡所措者，异于当流矣。已至及今，匡徒而住，循循而诱化，默默而道之，云水[⑨]闻之，趋集求止。不数年间，竭其/力，尽其心，忘其餐，废其寝，憧憧往来而无有缓倦。由以构成大殿弋所，辄志就兴，添像塑绘，乃成释迦文/佛[⑩]、文殊、普贤、四大部洲[⑪]、高僧、大阿罗汉，左边伽蓝[⑫]，拥护僧安，右是祖师[⑬]，坚心守定，已令后人瞻敬也，岂弗是人之难行/事耶？比及香积，皆预备焉，其余信士运工施贿[⑭]，睹斯缘成，无不慆慆稽颡[⑮]然。僧暇日忽语门人曰："喜惧有事。夫喜则兴/梵宇而圜，惧则虑老之将，且恐己释门之迹，悮值于荒凉基毁，已事虔诚立石于后，宁有虚传怀。弋则显扬佛道，因铭/而获安；二则告往知来，继宗风之使。"繇是特诣腐衲[⑯]，嘱记无移。三复而重辞，再四而求谒，不勉勲躬，聊为粗记耳。

赞曰：本寺栖所，尊处会川，大势辟耸，前后雄岭，丹霞谒冉，水泻朝涓。/自兵革废，志哉扶护，崔之威权，诱其民善，鸠岭[⑰]乡贤，庆谈[⑱]昔迹，复邀缁缘。即今斯年，/释子持坚，必为佛事，塑绘金仙，里人崔客，无不噫焉。青龙佑朝，白虎伏眠，/檀那庆赞，遗后知先，谒陈余赞，聊记敷宣[⑲]，以成盛事，请护长然。

时成化拾年岁次甲午正月丙寅春秀日同发心立石，比丘净宝、净铖、净鑰。

袭祖创业文王山云溪院住持沙门释子清慧、施主贾璘。

外护都功德主富峪卫指挥崔荣、二官人崔企，陈氏惠能。

注释：

①雷音：形容佛教传法的声音。

②白马演教：指东汉佛教第一次传入中国白马驮经的传说。

③德缁：缁本义为黑色之帛，后借以泛称黑色衣服。因僧尼多青黑色的衣服，所以称僧人为“缁徒”。德缁即指道德良好的僧人。

④尔：《辞海》释“尔尔”为应答之词，相当于“是是”，“至尔”即非常肯定和赞同之意。

⑤奈：意为“这”，“奈僧”即这位僧人。

⑥奉天门：明代南京紫禁城诸门之一。朱元璋吴元年（1367）建，为宫室正南门。洪武时建为大内正南第四重门，南接午门，北连奉天殿。

⑦中南山：即终南山，位于陕西西安之南，东起蓝田，西接秦岭主峰，有仙都之称，又称南五台。

⑧偕皇度：持有皇家的度牒。因清慧于奉天门奉旨授业，故称。

⑨云水：云游的僧人。

⑩释迦文佛：即释迦牟尼佛。

⑪四大部洲：中国佛教认为，须弥山周围有四大部洲，即东胜神洲、南赡部洲、西牛贺洲、北俱芦洲。

⑫伽蓝：伽，音 qié，佛教寺院的通称。狭义指伽蓝土地守护神。

⑬祖师：此指祖师殿，禅宗寺院供奉本派祖师达摩。

⑭贿：钱财。

⑮稽颡：音 qǐsǎng，叩头着地的礼节，俗称五体投地。

⑯腐衲：衲，指僧衣，亦是僧人的代称。衲本义为缝缀，僧衣多由碎布缝缀面成，俗称“百衲衣”，第二行之“纳”与此通。腐衲及野纳，是作者的谦称。

⑰鸠岭：即鹫岭，梵语中的耆阇崛山，中印度摩羯陀王国首都王舍城东北侧，是著名的佛陀说法之地，因栖鹫鸟而名鹫山或鹫岭，后多以代指佛寺。

⑱庆谈：指崔氏首捐钱物，与大家讨论兴复寺院之举。

⑲敷宣：传播宣扬。

三、云溪寺僧人道灵创建茔原记

云溪寺僧人道灵创建茔原记，为云溪院塔塔铭，原镶嵌于塔身，今可见云溪院塔首层南面有一处高约 70 厘米、宽约 50 厘米的空洞，即塔铭镶嵌安放之处。2000 年前后，此铭自塔身脱落，谢朋怀、谢全会父子带回村庄，妥加保管，县文物保管所登录在案。塔铭刻于明嘉靖十四年（1535），记文由建茔者道灵自撰，记述师承和择地建茔梗概，并将师祖清惠及本师静鑰以下宗派列后。

碑石汉白玉质，方形，高 42 厘米，宽 36 厘米，厚约 7 厘米，四周饰缠枝纹。文字自右向左竖行排列，碑题 1 行，记文 9 行，满行 16 字，落款 1 行，后列宗派，字皆楷书。

据铭文所载，道灵原籍易县东南，其父名杰，未记姓氏，童弱出家，师从静鑰。清惠、静鑰是参与成化间重建云溪院的僧人，列名于重修碑，彼碑“惠”作“慧”字，“静”作“净”字。成化重修碑建于 1474 年，至此铭刻就，历成化、弘治、正德、嘉靖四朝，相距 61 年。在嘉靖十四年（1535）春，道灵 69 岁时，思及“生而有室，死而为茔”，遂在寺之西南，选择山清水秀、木茂林丛之地，创建茔塔，不到十天，迅即建成。建成之后，亲自撰写塔铭，宗派列于铭末。其时，道灵之后，下传“德”“元”两代徒众，列名者 14 人。如图 23 所示。

据当地人士介绍，民国年间，与今云溪院塔相列，另有两座砖塔，但塔的归属已经无从考据。

图 23　云溪院塔铭

附：云溪寺僧人道灵创建茔原记

云溪寺僧人道灵创建茔原记

家贯易水东隅，父讳杰，第六子。幼而多病，/性厌尘俗，乃出家云溪，从师静鑰。甫入禅/门，年方童弱，敬尊师训，谨守清规，逮今六/十有九矣。则曰：生而有室，死而为茔，世通/理也。遂卜于寺之西南，择其沟曰□营，取/其山清水秀，木茂林丛，乃□地也。急督工/匠，计其丈数，揣其高低，经之营之，不旬日/而乐成矣。故作记志之于首，并将宗派勒/之于后，使永世之不朽也云。是为记。时

大明嘉靖十四年岁在乙未季春吉旦记。

宗派：祖，清惠；师，静鑰；昆众，道清、道宁、道深；徒，德安、德成、德然、德思、德昭、德□、德缘；孙，元隆、元臻、元通、元□、元□、元强、元□。

四、民国重修云溪寺碑

民国重修云溪寺碑树立于全神庙前，刊刻于民国二十一年桃月下浣，即1932年农历三月下旬，为旧有碑刻中最晚者。记录了云溪寺一度因僧人施骗寺院，佛前无僧进香的境况，以及墨斗店等就近五村合会人等，从五台南山极乐寺请来普济方丈，并捐资重建寺院的过程。

此碑为本地花岗岩石质，碑体高175厘米，厚20厘米；碑额上呈“八”字形，顶宽66厘米，下宽72厘米，高64厘米，上饰二龙戏珠浅浮雕，下饰海水江涯，中留镜心，刻楷书“佛光普照”，自右向左竖两行，行两字。刻文部分宽69厘米，碑阳为重建碑记，字迹大部可辨识，如图24所示；碑阴为捐建人姓名，多漫漶不清。碑后为“全神庙”，一间，五级台阶，石砌木构灰布瓦顶。庙前一石刻香炉，传为旧物，圆形斜腹直口方唇，外刻莲瓣纹。碑记由功德主墨斗店村张振峰撰文，宝石村许德堂书丹，字楷书，间有行草，自右向左竖排13行，其中碑题、落款各1行，正文满行32字，部分行次人名村名并列，赵、洛等姓氏和行字省写共用，如许美、许世昌，刻作许上部居中，美和世昌居下并列，龙洛布、梁洛才刻作龙、梁上部并列，洛中部居中，布、才居下与姓氏对应，呈现多级并列的情形。

碑文中涉及僧俗人物众多。僧人中普济方丈系于清宣统元年（1909）从五台南山极乐寺请来，来院之后，将土地挽回，重修庙院，勒碑刻铭，下传五百上堂僧，“指□护宽、善，含厚，易州西南龙村社大秋沟云溪寺，谨守清归，看守庙宇”。碑文中“宽”“善”与易州之后文义难以直接连缀，且“护”不属临济宗派演字，怀疑刊刻时搞错字序。观察碑面此行文字，“护”与“易”之间有两字间隔，但“宽”“善”二字并列，字高几乎占据两字高度，且字体与总体有异，或为树碑之时，普济方丈尚未指

图 24　民国重修碑碑阳

定护寺人选，预留位置，嗣后补刻，类似今格式文书，但在刻书时留错位置。“宽”在临济宗演字之中，宽善有可能是一位僧人的法号，宜为“指□宽善护易州……”。含厚之名于宽善之下，列于“易州”二字之左，未入行次，疑为树碑后增刻。据谢子深、谢朋怀回忆，含厚是云溪院最后一位僧人，1955 年除夕去世。谢子深 1951 年出生，其时已有记忆，对含厚印象清晰，当时乡民称其为“老含厚”。

唐县下素村善士张金元，是应墨斗店四位功德主之邀，请普济方丈来云溪院的关键人物。安徐县南符山崔成寿，是此碑的镌刻者。下素村，位于唐县西南，现分为东下素村和西下素村，属北罗镇。安徐县即今保定市徐水区，民国前称安肃县，民国三年(1914)，因与甘肃省安肃道重名，以境内河流之故，改称徐水，“安徐”时为民间俗称。“南符山”即今徐水区南釜山村，属东釜山乡，与易县接壤。

当地人士列名者，有撰文、鉴工和去唐县与张金元联络的墨斗店村张振峰、张玉宽、赵贵、赵法先、孙长吉、张德立；书丹者宝石村许德堂；花费大洋一百三十元，重修佛殿三间，又施洋拾元的宝石村、大秋沟、墨斗店、马家会、圈里五会功德主许美、许世昌、赵洛□、赵洛会、张庆元、赵如秀、龙洛布、梁洛才、王洛长、赵洛守。碑列本县村名和自然村名至今沿用。

记述普济方丈应墨斗店四位功德主及张金元之邀，来院住持，复修云溪寺的功德之后，署“临济刹刹四十八字”。临济刹四十八字，是临济宗派演字，用以标示宗派传序。列之于此，当与本院成化十年（1474）重建碑列于碑阴碑首意义相同，位置所限，未列具体内容。

附：民国云溪寺重建碑记

中华民国河北省易州城西南云溪寺重建碑记。墨斗店张振峰撰文，张玉宽监功人

皇图永固，帝道遐昌，佛日增辉，法轮常转。后学须知当净三业，若三业无亏，则百福/俱集。三业者，身口意也：一、端身正坐，如对圣容，则身业净也；二、口无杂言，断诸嬉笑，/则口业净也；三、意不散乱，屏息万缘，则意业净也。内心既寂，外境俱蠲，可谓水澄珠/莹，云散月明，辙莫容易，实非小缘。心法双忘，自他俱利，若能如是，真报佛恩，法界通/隆。云溪寺自古大明成化拾年孟春月，知有乔文秀舍施地土，墨斗店功德主□/修佛殿庙宇，香烟结彩，正大光明。后来之云僧不守三归五戒，施骗寺院数载，无僧/佛前进香。之于易州西一区龙村社墨斗店合会人等，欲心不忍之，有四位施主赵贵、赵法先、孙长□、张德立/到古唐县下素村，善人张金元运动五台南山极乐寺上普下济方丈大和尚，于清/宣统元年请到云溪寺，将地土挽回，重修庙院，勒碑刻铭，焕然新也。

上普下济方丈大和尚□□□下传五百上堂僧，指□护宽、善、含厚，易州西南龙村社大秋沟/云溪寺，谨守清归，看守庙宇。临济刹刹四十八字。

宝石村、大秋沟、墨斗店、马家会、圈里五会功德主许美、许世昌，赵洛藏、赵洛会，张庆元、赵如秀，龙洛布、梁洛才，王洛长、赵洛守，重修佛殿三间，化费洋元一百卅元整，又施洋拾元。

民国贰拾壹年桃月下浣穀旦立。宝石村许德堂书丹，安徐县南符山铁笔崔成寿。

五、年代不明残石

寺院旧址，存碑刻残石一方。据谢朋怀介绍，现庙宇东下阶水塘处原为山门，旁有水井，20世纪70年代，开展农田水利基本建设，扩建水井为水塘，此石于施工中发现，出土时即为现在形状，曾被人带回家中，近年还回。此石略呈方形，边长约40厘米，两面刻字。碑阳可见14行文字，碑阴可见7行文字，两处关键内容涉及云溪院的初创者开山珍公，所述乔文秀在成化重修碑中有舍施地土的记载。根据“比及甲寅”的年代表述，可推定此碑不建于成化重修庙宇之前，因为成化十年之甲午年为1474

年，上一甲寅年为1434年，而清惠钦奉圣旨出家的时间是正统八年，即1443年，云溪院的兴复在此后几年。云溪院在至元之前由珍公开山始建，而碑中有“兰熏旧址”之语，故此碑也不是记载开山珍公行迹的院碑。此碑仅存的些许文字，多与成化重修碑重复，其原因不敢妄加推断。在民国重修碑中，也未述及云溪院的开创历史，只言“自古大明成化十年，知有乔文秀……”，而不知有开山珍公。可见开山珍公寿塔曾在此残石刊刻前现世，而于宣统年间重修庙宇之前，又与此石一起被埋没多年。

附：残石文字

碑阳(如图25所示)：

第一行：……并额之书丹

第二行：……今亦曷为？噫！夫云溪之□□，寔至

第三行：……知于奚年也。自今

第四行：……兰勳旧址，复迺□诠□迹，察

第五行：……之滔滔，不亦壮气乎，处地之秀茂

第六行：……有本州权□□公久

第七行：……乃今之梵刹也，□以朝夕而不为

第八行：……本□□之皆□□□□陈言必有中

第九行：……州西平人也，俗姓开氏，□祖

第十行：……礼国师海云和尚为师，即今

第十一行：……循循而诱化，默默而□之

第十二行：……而无□□倦，由以构成大殿一所。

第十三行：……人之难行事耶？比及甲寅

第十四行：……忽语门人曰：喜惧有事，夫喜则

碑阴(如图26所示)：

第一行：……鞍……西至落

第二行：……至内一切园林种植地

第三行：……并及乔文秀仝妻张

第四行：……羔鞍南至行廊崖

第五行：……种植园林一切等物

第六行：……荒地土与本院

第七行：……立

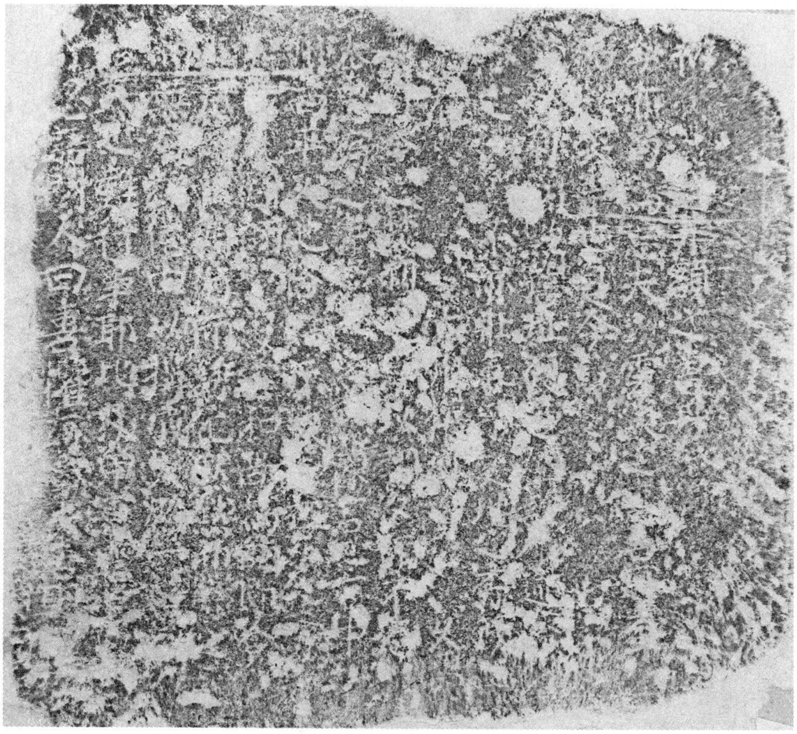

图 25 残石之阳

图 26 残石之阴

上列五碑表明，云溪院属佛教禅宗临济宗分支。初建于蒙古时期，后曾于明成化和清宣统年间重修，最后一位僧人含厚于1955年去世，是易县目前发现开山传续脉络最为清楚的寺院遗址。碑文记载历史信息丰富，文字表现形式多样，特别是明成化十年重建碑铭，提供了大量异体字和文字特殊用法的实证，且书法异于当时。云溪院旧址及其遗存碑刻等文物，是具有多重研究价值的重要标本。同时，元代院碑至今尚未发现，周边散落残石有待进一步研究，保护任务十分艰巨。

金坡纯真宫碑概述

金坡遗址位于易县安格庄乡金坡村观沟内，此处原有道教宫观。方志之中，有纯真宫、没口观两称，纯真宫碑位于宫观遗址之内。2015 年以来，笔者与本县学者于正万、河北省社会科学院冯金忠、河北师范大学赵生泉等专家多次偕往调查，并得到金坡乡贤张桂花、张云海、郝成凯帮助。现就所得概述之。

图 27　纯真宫碑

一、纯真宫碑概况

关于纯真宫的记载，较早见于明弘治《易州志》卷五第八页：纯真宫，在城西五十里。民国寿鹏飞总纂《易县志稿》336 页和 949 页对宫观碑刻均有记载：没口观，在县西四十五里金坡村北沟内，有两元碑尚完好，见金石门。观今已废。纯真宫，在金坡没口观旧址，元碑在焉，至元十二年建，明弘治十七年重修，有碑记，又有天启四年碑，今废址尚存。载明纯真宫碑“碑下缺右角二十五字”，如图 27 所示。

2009 年 12 月 15 日，河北省第三次全国文物普查队赵战护队登录为不可移动文物，类型为古遗址中的寺庙遗址，登录的文物为古碑一通和赑屃碑座两个。所登录的古碑即纯真宫碑。

调查中了解到，清雍正八年（1730），清西陵肇建，金坡处于“东起梁格庄，西至紫荆关”的范围之内，宫观搬迁。日本侵华，旧观被焚毁。“文革”期间，真人墓遭遇劫难，“因建坛记”身首三分，碑额砌于田园地埝，仅存纯真宫碑尚称完好，但碑阴文字除额书勉强拓取可识外，已无任何痕迹。1991 年，碑被人推倒，施以锤斤，碑板受损愈加严重，多亏乡邻及时劝止。2009 年春节期间，郝成凯、郝喜逢父子与乡邻将碑复立。2017 年春，全国人大代表、易水集团董事长张淑芬根据初步调查情况，在全国“两会”期间提出了加强对此处文物保护的建议，国家民委给予答复，表示支持。

纯真宫遗址三面环山，西临溪水，为台地地貌。纯真宫碑立于二级台地北侧居中。赑屃碑座，碑阳向南，青白石质，身首一体。通高 310 厘米，其中额高 100 厘米，宽 113 厘米，厚 26 厘米。右上部和侧面受损，伤及碑文，造成碑阳起首四字全失，第二行三字受损。右下角比《易县志稿》所记“缺二十五字”更为加重，损及 11 行文字，幸有张云海先生早期录下碑文，可资查照，功莫大焉。

是碑建于元至元十二年（1275）四月，太原人李鼎撰文于至元十一年冬十月，主要记述崇真光教淳和真人王志坦奉真光教的功绩。安阳常致懋书丹篆额，门下提点梁志安、常志敏建，山主王志安等立石。高浮雕双龙碑首，碑阳留圭状镜心，高 67 厘米，宽 37 厘米，阴刻篆书“纯真宫记”，竖两行，行两字，如图 28 所示。碑文正文 28 行，碑题 1 行，落款 1 行，竖排右起，颜体楷书，一般行次满行 67 字，行文之中，多处抬写和退让。碑阴额题“门下宫观徒众题名之志”，阴刻楷书，竖两行，行 5 字，如图 29 所示。

图 28　碑阳题额

图 29　碑阴题额

二、金坡纯真宫的兴建与王志坦的功行

《纯真宫记》记载了王志坦年轻入道，矢志苦修，创建金坡纯真宫，奉行丘祖一言止杀思想，向蒙古皇帝蒙哥进言，为民兴利除害诸多功德。如图 30 所示。

碑文显示，王志坦，相台古汤（今河南安阳汤阴县）人，字公平，号纯真子。根据碑文记载其卒年推断，生于金承安四年（1199）。年 19 岁入道，初礼北京柔和子卢公为引度，此“北京”指元初北京路总管府，位于今内蒙古赤峰，卢公是丹阳子马钰的法孙于洞清的弟子。辛巳年（1221），王志坦游历至燕京，国师长春真人丘处机传法于他，并给予“纯真子”的名号。此后，云游于京、津、内蒙古、辽宁地区，前后 18 年，日止一食，坐而不卧。

庚寅年（1230），王志坦来到金坡园，坐以尸居龙见，门徒檀施争归，因此就立一观，名曰纯真，建立了三清殿一座，二师堂、五真堂、山神堂和真宫丈室各一间，山门、斋房、库房、马棚一应俱全。

甲辰年（1244），掌教真常真人李志常看重王志坦守道笃诚，三次以书招致，于是王志坦奉命来燕（今北京）。五月，随李志常赴阙朝见，参受法箓，被授予大度师的道教职务。辛亥年（1251），元宪宗蒙哥即位，诏征李志常佩金符代为巡祀岳渎，王志坦辅行。癸丑年（1253）完成巡祀使命后，李志常归燕，王志坦与五名法师留在和林，用符水治病。十月十七日，皇帝问健康长寿之法，王志坦款曲进言：皇帝代天治民，当与民兴大利，除大害，以奉承天心，则天降之福寿如影响之应形声矣。言明，垂意拯救，为天子急务。进一步贯彻了丘处机远赴成吉思汗行在，一言止杀的思想。蒙哥依其所奏，举办道教中特别庄重的普天黄箓大醮，其百色用度，都由内府支给，不令扰民。卜于甲寅年（1254）三月十五为吉，前一天晚上，雨降扶寸，须臾云散，四气朗清，此后，卿云五色，舞鹤盘翥，老幼争睹，舞蹈圣德。

与纯真宫碑同时的崇真光教淳和真人道行之碑，对王志坦的生平事迹记载更为细致，称其出生在汤阴县的富裕家庭，父亲王忠秉性诚实，母亲岳氏刚刚怀孕时，就梦见古仙来告曰：此子成人，必令学道，否则将祸尔家。王志坦从小不好弄戏，不喜欢华美，刚刚成年，即著服入道。

至元七年（1270），掌教诚明真人张志敬升仙，元世祖忽必烈“诏公袭位”，王志坦成为全国道教掌门。九年（1272）十一月二十七日，蜕形飞升，享年 73 岁。十一年（1274），敕赠崇真光教淳和真人，升观曰宫，从而纯真宫之名传承至今。这年冬天，其弟子梁志安、常志敏等“奉其衣冠，宁神于金坡山下”。当时天气寒冷，但到了举行葬礼时，熙熙然化而阳春，执绋祖輴者万余人，汗皆浃背，都感叹这是王真人纯诚之验。

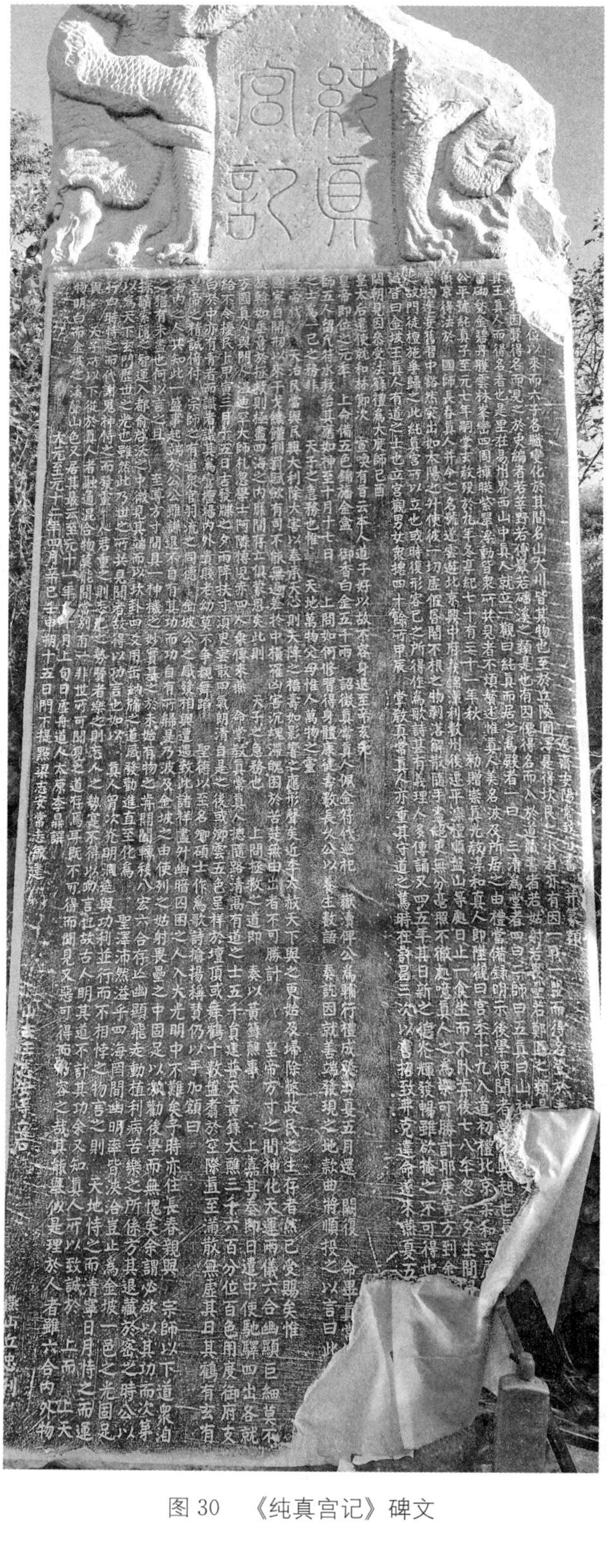

图 30 《纯真宫记》碑文

三、《易县志稿》的相关错漏辨析

纯真宫碑见《易县志稿》949 页记载："纯真宫碑，碑在金坡镇北沟没口观旧址，高九尺，宽三尺，大元至正十二年四月辛巳壬申朔十五日，梁志安、常致懋建，太原李鼎撰文，常致懋书并篆额，王治安立。碑文二十八行，行六十七字，有不满行者。碑下缺右角二十五字。内载，真人，相台古陽人韩志坦，字公平，号纯真子。新访得。"

与碑文印证，有如下问题需作辨析：

关于建立年代，记为至正十二年（1352），而碑文中的"至元十二年"清晰无损，显为文字抄录错误。

立碑人员中，有两处与碑面所载文字不同：一是建碑者常志敏，志中记为与书丹篆额者相同的"常致懋"，二者是否为同一人，不可确考；立碑人王志安记为王治安。两处均应以碑记原文为准。

志书中将淳和真人记为"相台古陽人韩志坦"，现在此处已经损毁，张云海早期抄录的碑文中此处文字为"真人相台古湯人諱志坦"，此说上下文义相通，与其他史料记载一致，故"陽""韩"当为"湯""諱"二字的误识误录，宜以张云海录文为确。

撰文者李鼎，号虚舟道人、虚舟老人、虚舟野人，太原人，金朝进士，入元后学道。《全元文》卷二八五收其文十篇①，此文不在其内。

在《易县志稿》第 950 页关于纯真宫碑的记述之后，有"赐赠崇真光教淳和真人本行之碑"一通，文曰："碑在金坡镇北沟没口观旧址，高一丈、宽三尺二寸，大元至正十三年五月乙丑朔日，玄门掌教宗师洞明真人立石。碑文两面，共三十六行，行四十六字。嘉仪大夫礼部尚书高鸣撰文，嘉仪大夫、侍御史、正博文书、国信参议官高寿题额。完好无缺，新访得。"此碑的树立时间，记为至正十三年，而从所记载的相关人员分析，"至正"疑为"至元"之误。

撰文者高鸣，《元史》有传，此篇碑文为其遗作。高鸣，字雄飞，真定人。生于金卫绍王大安元年（1209）。少即以文学知名，著有文集五十卷。曾为翰林学士、侍御史，至元九年（1272），迁礼部尚书。至元十一年卒，年 66 岁。高鸣的官阶"嘉仪大夫"应为"嘉议大夫"，为文官散阶，金代始置。《金史·百官志一》记载："正四品，上曰正议大夫，中曰通议大夫，下曰嘉议大夫。"元代升为正三品，明沿置，清废。中国道教学院编印《全真派五祖七真金元高道传》第 157 页至 159 页所引《崇真光教淳

---

① 李修生主编：《全元文》第 9 册，江苏古籍出版社 1999 年版，第 36—61 页。

和真人道行之碑》，称撰文者高鸣为“喜议大夫”，亦应更正。

立石人洞明真人，即王志坦之后的道教掌门祁志诚，《元史》亦有传，生于兴定三年（1219），字信甫，号洞明子。金元时钧州阳翟（今河南禹州市）人。至元三十年（1293）十一月，祁志诚去世，此时距至正十三年（1353）达六十年，可见“至正”必误。

通过撰碑人、立碑年代和相关要素分析，《易县志稿》所录此碑，应即闵智亭著、中国道教学院编印《全真派五祖七真金元高道传》所引“崇真光教淳和真人道行之碑”，尽管原碑已佚，当可确认。

全真之教，兴于王重阳，大盛于长春公丘处机，长春传之清和，清和传之真常，真常传之诚明，诚明传于淳和。以元代计数，王志坦为宗门五代祖，从王重阳算起，为第九代掌门。宫观的“纯真”之名源于王志坦“纯真子”的名号，得之于长春真人丘处机，与北京白云观一脉相承。同时金坡是道教一代掌门王志坦亲手所创，是其修身、成道、归隐、墓葬之地，与姑射、畏壘并列，其在中国道教史上的重要地位人所共知。纯真宫碑记载了淳和真人王志坦的功行，且记述内容于史志有补正之功，其文物价值和保护利用之迫切不言而喻。

为便于大家了解，兹将碑文录之于后，且施以句读，试加浅注。已经缺失的文字，以张云海先生早期录文为据，外加“［］”号标示。

附：

1.《纯真宫记》碑文

【碑阳】纯真宫记

逸斋安阳常致懃书并篆额

自两仪[①]奠位以来，而六子[②]各职变化于其间，名山大川，皆其物也。至于丘陵圃泽，是得坎艮之小者，亦有因一战一盟而得名登于《春［秋》之策者，若］□□□□□□□□□□□□/是也；有因贤得名而见之于史编者，若莘野[③]、若傅岩[④]、若磻溪[⑤]之类是也；有因仙得名而入于道藏书者，若姑射[⑥]、若畏壘[⑦]、若郑圃[⑧]之类是［也。故山不在高，有仙则名。金坡，纯］/真王真人而得名者也。是里在易州界西山中，真人就立一观，曰“纯真”而居之。为殿者一：曰三清；为堂者四：曰二师、曰五真、曰山神、［曰真宫丈室。门庑斋厨库厩各有攸序，□］/雷砌甃，金碧丹雘，云林峰峦，四周拥映，紫翠浮动，皆众所共见者，不烦赘述。惟真人美名波及，所居之由，礼当备录，明示后学，使闻者莫不兴起也。真［人相台古汤[⑨]人，讳志坦，字］/公平，号纯真子。至元七年嗣掌玄教，殁于九年冬，享纪七十有三。十一年秋，敕赠

“崇真光教淳和真人”，即陞观曰宫。年十九入道，初礼北京[10]柔和子卢［公为引度。岁辛巳游］/燕京[11]，得法于国师长春真人[12]，并今之名号。遂云游北京兴中府[13]，义[14]、锦[15]、潭[16]、利[17]数州，后迁平[18]、滦[19]、檀[20]、顺[21]、盘山等处，日止一食，坐而不卧，前后七八年。忽一夕坐间，觉［元初真正智慧从］/累劫迷妄旧习中豁然突出，如太阳之升，使彼一切虚假昏暗不根之物剥落解散，随手尽绝，更无分毫照不彻处。噫！真人之为乐，可胜计耶？庚寅方到金［坡园，坐以尸居龙见[22]］/之，故门徒檀施争归之，此纯真宫所以立也。或时复形容己之所得，作为歌诗，甚有义理，人多传诵。又四五年，其日新之德光辉发畅，虽欲掩之不可得也，［故天下识与不］/识，皆曰：“金坡王真人，有道之士也。”立宫观男女众，总四十余所。甲辰，掌教真常真人[23]亦重其守道之笃，时在许昌，三次以书招致，弗克违命，遂来燕[24]。夏五［月，从真常赴］/阙朝见，因参受法箓，礼为大度师[25]。己酉，/皇太后[26]遣使就和林[27]，节次宣唤，有旨云：“本人道子好以，故不容身退。”至辛亥，先/皇帝[28]即位之元年，上命备五色锦旛、金盒、御香、白金五千两，诏征真常真人佩金符代巡祀岳渎[29]，俾公为辅。行礼成，癸丑夏五月还阙复命毕，真常［归燕，公同法］/师五人留，凡符水救治，其应如神。至十月十七日，上问如何修习得身体康健、寿数长久。公以养生数语奏讫，因就善端发现之地，款曲将顺投之以言曰：“此［山林枯槁］/之士为一己之务，非天子之急务也。惟天地万物父母，惟人万物之灵。/皇帝代天治民，当与民兴大利，除大害，以奉承天心，则天降之福寿，如影响之应形声矣。近年大赦天下，与之更始，及扫除弊政，民之生存者然已受赐矣。惟/国家自开创以来，干戈饥馑，刑罚赋敛，有司不能无过差，于中横罹凶害，沉魂滞魄困于苦楚，无由出者不可胜计。皇帝方寸之间，神化天运，两仪六合，幽显巨细，莫不/旋斡。如垂意于拯救，则极尽四海之内靡间存亡，俱蒙恩矣，此则天子之急务也。”上问拯救之道，即奏以黄箓醮事[30]。上嘉其奏，即日遣中使驰驿四出，各就/方国。真人与门人温迪罕、大师札忽、学士阿邻博儿赤四人乘传来燕，命掌教真常真人总随路清高有道之士五千员，建普天黄箓大醮，三千六百分位。百色用度，御府支/给，不令扰民。卜甲寅三月十五日吉，发牒之夕，雨降扶寸[31]，须臾云散，四气朗清。自是之后，或卿云五色呈祥于坛顶，或舞鹤十数盘翥于空际，直至满散，无虚其日。其鹤有玄有/白，于中亦有青者，而识者议其为鸾。坛场内外，贵贱老幼，莫不争睹，舞蹈圣德，以至名卿硕士作为歌诗，揄扬称赞。仍以手加额曰：/“皇帝之精诚倚付，宗师之有道，众官羽流之同德，金坡公之感发，相与遭遇，致此诸祥，尽升幽暗囚困之人入大光明中不难矣！”予时亦住长春[32]，亲与宗师以下道众，洎/海内之人，共知此一盛事，起端于公。公虽谦退，不自有其功，而功自有所归，是乃波及金坡之由。使列之姑射、畏壘之中，固足以激劝后学而无愧矣。余谓必欲以其功而次第/之，犹有未尽也。何以言之？且至尊方寸间，具一神机之妙，实基之于未始有物之前，开阖转移，八宏六合，存亡幽显，飞走动植，利病苦乐之所系。方其退藏于密之时，公以/探赜索隐[33]之智，运入都俞[34]启沃[35]之中，微见其端，而以坎卦四爻用缶纳牖[36]之道，感发劝进，直至化为圣泽，沛然溢乎四海，罔间幽明，率皆浃洽，岂止为金坡一邑之光，固足/以为天下玄门历世之光也。虽然此乃世之所共见闻者，故得以功言也。如以真人胸次，光明洞达，与功利并行而不相悖之物，言之则天地恃之而清宁，日月恃之而运/行，四时恃之而代谢，鬼神恃之而发灵，人君重之则忘己之势，贤者乐之则忘人之势，寔不得以功言也。故古人明其道，不计其功。余又知真人所以致诚于上，而上天/与天子所以下从于真人者，融通混合，物莫能间，当别有一非世所可闻见之道存焉耳。既不可得而闻见，又恶可得而形容之哉！其能举似是理于人者，虽六合内外物/物明白，而金坡之溪声山色，又居其最云。至元十一年十月上旬日虚舟道人太原李鼎撰。

大元至元十二年四月辛巳壬申朔十五日，门下提点梁志安、常志敏建。山主王志安等立石。燕山丘忠刊。

【碑阴】门下宫观徒众题名之志

注释：

①两仪：八卦中的乾坤之位。

②六子：八卦中除乾坤之外的六卦。

③莘野：有莘之野，为伊尹隐居时耕种之处，后借指隐居之所。

④傅岩：傅说在被武丁发现之前当奴隶从事版筑的地方。

⑤磻溪：在陕西宝鸡东南，为渭水支流，传说姜太公在此垂钓遇周文王。

⑥姑射：射，音 yè。神山名，传在今山西临汾。《庄子·逍遥游》有“藐姑射之山，有神人居焉，肌肤若冰雪，绰约若处子”句。

⑦畏壘：老子的门人庚桑楚隐居的地方。

⑧郑圃：即郑国圃田，为战国时期道家代表人物列子所居之地。

⑨相台古汤：今河南安阳汤阴县。

⑩北京：即辽中京，在今内蒙古赤峰境内，元初为北京路总管府。

⑪燕京：今北京。

⑫长春真人：丘处机。

⑬兴中府：辽重熙十年（1041）升霸州置，治兴中县（今朝阳市）。辖境相当今辽宁朝阳市、县和北票市大凌河南部地区，属中京道。金辖境扩大至今兴城市和北票市

大凌河北部，属北京路。蒙古至元七年（1270）降为州。

⑭义：今辽宁义县。

⑮锦：今辽宁锦州。

⑯潭：今内蒙古宁城一带。

⑰利：元初利州，辖今辽宁凌源、喀左地区。

⑱平：元初之兴平府，辖今唐山、抚宁、卢龙地区。

⑲滦：今滦州一带。

⑳檀：今北京密云一带。

㉑顺：今北京顺义。

㉒尸居龙见：出自《庄子》，义为静如尸而动如龙，是道教炼化过程中的一个环节。

㉓真常真人：丘处机的弟子李志常，元代道教第三代掌门人。

㉔燕：此专指北京白云观。

㉕法箓：是道教的一种符书，是道士入道的凭信，也是法师行法的依据。大度师：道教中的一种教务职称。

㉖皇太后：元定宗贵由的母亲乃马真后，曾称制监国。

㉗和林：元朝之前蒙古帝国的首都，全称哈剌和林，在今蒙古国杭爱省。

㉘先皇帝：元宪宗蒙哥，1251 年至 1259 年在位。

㉙岳渎：岳即东南西北中五岳大帝，当时北岳庙在曲阳县；渎即长江、黄河、淮水、济水之神。

㉚黄箓醮事：指道场所用符箓皆为黄色，是道教中特别庄重的法事。

㉛扶寸：古代计量长度的方法，铺四指一扶，一指为寸。

㉜长春：即白云观长春宫，丘处机曾经修行的地方。

㉝探赜索隐：语出《周易·系辞上》，意为探究深奥的道理，搜索隐秘的事情。

㉞都俞："吁咈都俞"的简用，语出《尚书·尧典》，吁、咈，反对时的感叹词；都、俞，赞美、同意时的感叹词，形容君臣议事融洽。

㉟启沃：典出《尚书·商书·说命上》，商王武丁任用傅说为相时，命之曰："若岁大旱，用汝作霖雨。启乃心、沃朕心，若药弗瞑眩，厥疾弗瘳。"后人用以指竭诚开导、辅佐君王。

㊱坎卦四爻用缶纳牖：《易·坎·六四》的爻辞为"樽酒簋贰，用缶，纳约自牖，终无咎"，有言自通明之意，后遂以"纳牖"谓导人向善。

2. 中国道教学院编印《全真派五祖七真金元高道传》第157页至159页《崇真光教淳和真人道行之碑》录文

嘉议大夫吏部尚书高鸣撰《崇真光教淳和真人道行之碑》云：

全真之教，始于少阳君，兴于重阳子，大盛于长春公。长春传之清和，清和传之真常，真常传之诚明，诚明传于淳和，淳和以大元数之，实为宗门五代祖。讳志坦，字公平，出于相州汤阴王氏，父讳忠，性悫厚，以资雄乡，母岳氏，闺壸有微妊，梦古仙来告曰：此子成人，必令学道，否则将祸而家。已而公生焉，自童弁，不好弄戏，且不喜华美物，甫及冠，即著道士服，师北京庐尊师。师乃丹阳马公之法孙洞清于公之高第也，时以道箓居京之华阳宫。庐素严厉，少忤辄责诮之，殆若官府然。故门下者鲜克终。公参谒之余，力营百役，□厩湢硙之细，躬执有懈。庐公亦悯其勤而诚，复加以礼。癸未秋，谒大宗师长春真人于宣德。一见器之，传付秘诀，既恐无以善其后，遂行化兴中、义、锦间，日丐一食，虽蚊蚋嘬败，亦无屑弃，已匪茆而居，不计何地遇昏暮即止。戊子闻清和宗师驻燕，知道统所在，参礼焉。师爱其力行，大加奖拔，公忽有开悟，恍若神明，顿还旧观，无几何，径入金坡，坐而炼化，穷深抵幽，木茹涧饮，人莫见其面，其志愈坚苦，虽晦迹十余年，无贤不肖，皆曰：金坡王先生有道之士也。甲辰春，真常真人李公素高其玄，屡以书见招，来拜为大度师。夏五月从真常北上，参受三洞秘箓，以祈禳诃禁济人，其疾病药石不可为者，假符水或以袂拂之，罔不立验，咸畏服其神。皇太后钦挹真风，宠赉以礼。公益自谦逊，惟颠坠是惧，每蒙慰谕，必归功于神圣，若私不敢有者，其知本不伐也如此。留居阙庭者六年，还燕为教门都提点。燕去和林，里千六百有奇，凡赴，十有七驰驱，寒暑略无艰苦状，盖以辅翼玄教为己任，虽九死不悔也。先皇帝践祚之元年，龙集辛亥，诏真常公佩金符驰传祀岳渎，以公为辅行。继而奉香代祭者又四，皆以祈天永命、敛福锡民为意。癸丑上问养生之术，对曰：此山林枯槁之士所宜，非天子之急务也。天子代天理物，当顺天心与民兴利，则天降之福寿。近大赦天下，革故鼎新，民乐生活。开创以来，戕横夭阏，精魂无依，非求诸冥冥中而莫之能救，是所谓恩已及于八方，泽又浸于九原矣，因奏修黄箓普天大醮。上喜曰：天垂此教以利天下，即诏公命真常公于燕之长春宫陈设醮事。所须旅帛，俱出内帑，一无扰于民食墨得。甲寅年三月十有五日，礼备将行，云肤寸而雨，公密祷于天，天为之静，风月肃然，星辰可摘，又有卿云鸾鹤之应，公卿文士，咸作歌诗以赞其瑞。由是道价益重，一时贵游，悉奔走承事，或执弟子礼。真常厌世，诚明嗣之，公之力居多。中统建元春入关，旋及覃、怀，陟天坛受之，留玉峰前。期岁，相州神霄宫久虚玄席，诸耆宿士庶，恳公主之。明年，会真常葬。又明年复入金坡。至元改元，燕人杨提领者，素慕玄教，于私第之后圃作环庵一区，愿得天下清修高尚之士奉之，佥曰金坡王炼师可，即礼致焉。三年冬，诚明复以提点事恳公。七年，诚明上仙，今皇帝诏公袭位，仍加真人号。以九年十一月二十有七日蜕形于长春之玄堂，得年七十有三。越明年，门弟子梁志安、常志敏等，奉其衣冠宁神于金坡山下，从治命也。时天气肃冽，比襄事，熙熙然化而阳春，执绋祖軷者万余人，汗皆浃背，咸嗟异之，以谓纯诚之验也。所著《信心录》《六牛图》传于世。葬之明年，志安、志敏等状公之行来谒铭。鸣治彰德时，盖尝以疏请公主神霄，从游甚款，故习其为人，义不可辞。公美仪观，爱读书，尤喜性理学，深得奥义。好施与困乏无聊者，不以己之有无，谦恭宽硕，克己下人，故度门弟子者数千人，若观若庵者，又营建百余区，可谓能弘其道矣。呜呼！以公平日阴功济物之心，向在阙庭，假之以政，救时行道焉知不有如行符设醮之功耶！若夫将适辽东也，祷之而愈风痹，又去许昌也，空中传玉帝有命，其灵异若是者甚多，然实非公之本心。且有淳和真人传，在兹略而不书。

易阳清泉寺旧址调查记

2016年7月2日，笔者与李文通、刘锦寰等人赴易县裴山镇南白虹村对易阳清泉寺旧址进行调查。

寺址位于南白虹村西大寨山半山腰，水泥路通达附近的养殖场。周围多为农田，以种植甘薯、玉米等作物为主。曾经有村民于此居住，现已搬至山下，余有部分房舍垣墙。

寺院位于水泥路北侧台地之上，四周群山环抱，就近两侧山梁隆起，背靠俗称大寨山的白虹寨，向南地势渐低。沟壑以南为南太和庄村的北山，山上可见光伏发电设施。寺院虽然草木荒秽，荆棘丛生，但从残存的建筑遗迹之中，依稀可辨寺院布局。内有赑屃碑座、方形碑座、六棱石幢、残损碑首散落。台地断崖处发现筒瓦及琉璃构件，其中一件筒瓦前端有乳钉装饰。如图31、32所示。

图31　残碑座

图 32　残幢

“清泉月池”堪称寺院的标志景观，据碑刻记载，当年九霄和尚云游至此，于寺院遗迹中发现“清泉一泓”，于是在修葺佛殿的同时，“修砌清泉月池，颇异他处”。月池紧靠上级台地，以青石甃砌。池深约 4 米，虽有淤积，水质尚清，弦居于北，弧环于南，直径 4 米有余，形如半月，北侧井壁上端正中，有半月形壁龛一处。月池上方，架有拱桥一座，宽约五尺，长不盈丈，料石砌筑，似月如虹，铺面条石虽有移动，但大致完整。如图 33 所示。

图 33　清泉月池

图 34 碑额

“易阳清泉寺碑”平置于院落正中，保存基本完好。此碑青石质，身首一体，双面刊刻，通高 264 厘米，宽 85 厘米，厚 26 厘米。碑首浮雕双龙，高 89 厘米。碑阳为《易阳清泉寺弟子继述师功业碑记》，碑额篆书“易阳清泉寺碑”，自右向左竖排两行，每行 3 字，如图 34 所示。碑文楷书，自右向左排列，共 26 行，其中题撰署名 4 行，立碑者落款 5 行，正文 17 行，普通满行 51 字，“圣寿”“皇图”两处采用抬写格式。石匠 7 人附列于碑末。据称，碑阴为捐资者姓名，因难以动转，未能具体了解。

《易阳清泉寺弟子继述师功业碑记》记述了明代成化、弘治年间，九霄和尚广震及弟子文禅、文成等人兴复南白虹易阳清泉寺的功业。碑文大致分为四个部分：第一部分介绍九霄和尚的基本情况和清泉寺旧址的发现过程。第二部分记录九霄和尚“驻锡”之后，修葺中阳佛殿、伽蓝堂，建造草庵茅屋，修砌清泉月池等成就。“锡”指僧人行走时手持的锡杖，为比丘十八物之一，杖头有锡环，振作发声，又称禅杖、声杖、鸣杖，故以“驻锡”称僧人居于某处寺院。第三部分叙述文禅、文成等众弟子遵从师命，继师遗志，光大寺院的作为。第四部分号召后人法前人继述之能，彰其前人之功。

碑文所载，九霄和尚俗家为洨南人，法名广震。年轻时“披剃（出家时披僧衣、剃头发的仪式）”出家，师傅为僧录司左觉义益宗。“左觉义”是隶属于僧录司的僧官，明代洪武年间设，从八品衔。

寺院所在“白虹之境”紧邻易水，文化底蕴深厚，军事地位重要。当年燕太子丹及众宾客于易水送别荆轲西去刺杀秦王，荆轲高唱“风萧萧兮易水寒，壮士一去兮不复还，入虎穴兮探蛟宫，仰天嘘气兮成白虹”，顿时有白虹贯于日。成语“气贯长虹”和“白虹”之地名皆得之于此。“白虹寨”岩崖高耸，地势险绝，旧为军事设施。明弘治《易州志》卷五第五页记载：“白虹寨，在州治西南三十里白虹社。”第三页记载：“白虹牧马草场，地三顷八十亩，去州西南三十里。”乾隆年间，白虹社所辖白涧村设有台铺，铺兵 5 名，负责驿传事务。九霄发现清泉寺时“不知何代何时兵燹，殿宇无存，止有石佛一尊、石幢一座、清泉一泓，周匝环堵倾为平地”，可推知寺院历史久远。南太和庄村原为南白虹村的附村，旧有阳泉寺，见于方志记载，建于元至正年间。北白虹村旧有半泉寺。三村相邻，三寺皆以泉名。据当地耆老称，清泉寺附近的土地昔为三座寺院共同耕种。

碑文撰写者奉直大夫安乐州知州韩英，为例贡出身，载于清顺治《易水志》卷上第七十三页，“成化间授任丘令，兴学校、劝农桑，百里歌之。擢知安乐州”。“奉直大夫”为明代从五品文官衔，但比同品的“奉训大夫”高一级，“知州”亦为从五品。明代任丘即今之任丘，安乐州治所在今辽宁开原老城北。“例贡”为清代称呼，明代称为“纳贡”，是贡生的一种。“贡生”原为地方选举人才，贡献给皇帝之意，初由府、州、县学从未中举的生员（秀才）中按规定名额挑选优秀者，向朝廷推荐，入国子监学习深造，肄业后授予职务，明代一般由吏部派任知县、县丞、教谕等职。明代“岁贡”每年或两年选一次，“恩贡”由朝廷恩典而选入，“选贡”每三年或五年选拔。或由于兵事频繁，明景泰元年（1450）开“纳贡”一途，“给以纳粟纳马者入监读书”，即由富家交纳一定资财，选入国子监学习深造，但此途经常被人认为不是凭学问获选，受另眼看待。但从记述中得知，韩英初授知县，后获晋升，“百里歌之”，政声卓著，载入志乘，实属其中的佼佼者。碑之书、篆者韩焕、韩璞未见记载。

是碑树立于明弘治五年（1492）冬。从碑文可知，九霄和尚圆寂之后，弟子文惠曾任住持，立碑时的住持为文成。落款列名的门下弟子多达 36 人，其中 4 位已担任其他寺院住持，可见清泉寺的规模之大和影响之深。

碑文之中多有寺院格局、殿宇建筑、师门行辈等记述，保留了重要的历史信息，具有重要价值。

附：碑文

易阳清泉寺弟子继述师功业碑记

奉直大夫安乐州知州易水韩英撰文

韩焕书丹

韩璞篆额

尊师九霄和尚，法号广震，家世汶南人也。自幼天性纯良，智慧奇巧，心尚浮屠之教，出离俗世之尘，投礼师僧录司左觉义益宗，披剃/出家。惟祖风是务，清规是守，一旦心欲，清游方外，乐观山水，喜居林泉。信步云游，至燕地易水西南白虹之境，名山曰白虹寨，南觑其/旧址清泉寺院，不知何代何时兵燹，殿宇无存，止有石佛一尊、石幢一座、清泉一泓，周匝环堵倾为平地。仰顾诸峰，左右围绕。此境幽/静异常，寓此修行，无尘事以相萦，无声利以相杂，堪以念佛诵经，堪以祝延/圣寿。于此不居，吾何适乎？由是慨然驻锡留心，率弟子文禅等，同心协力，卜日经营，不辞胼胝之苦，铲高填埇，恢弘旧址，不惮神心之劳。经/年越月，修葺中阳佛殿、伽蓝堂，继结草庵茅屋，修砌清泉月池，颇异他处，攻石垣墙，栽植名花异果，松柏竹林，森然皆有行列，重修旧/基，焕然一新。时有游玩者，见此美景，无不感叹兴嗟，乐然忘归。虽然，矧吾师在日之时，常对弟子言："寺虽大略颇完，吾心尚有未完之/事，且如后正佛殿、天王殿、祖师堂、禅堂、方丈、厨房、山门未盖，左右石碑未竖。吾年迈矣，尤恐日薄西山。尔众弟子，若吾灭之后，我有已/成之功，恒常保之，我有未为之志，汝成就之，乃见其孝。不然，吾虽毙，方寸未然。"弟子一聆师遗言，痛切肝肠，泣不可胜。后师果瞑目以/终天年。于是文成等承师遗命，共发矢心，募材鸠工，先盖后佛之正殿、祖师、禅堂暨天王，金碧交辉，法像悬绝，巍然可观。次盖方丈、庖/厨及山门，廊庑齐整，独胜于前，耒耒可羡。文禅等竖碑于左，继师重修清泉之胜迹昭然可见；文成等竖碑于右，继师未盖之殿宇井/然有条。弟子继师功业如此之盛，若不勒石以志之，则尊师重修清泉之功无以显明于当时；弟子文成等不善继师未遂之志而修/盖之，俾师前已为之志何以暴白于后世！工讫于成化辛丑十二月，落成于弘治壬子冬十月。呜呼！师有未遂心愿，弟子善能继之；师/有先功已成，弟子尤能遵之；师造洪业于前，弟子继述于后。功成名著，镌之玉石，万世无疆之休，岂不在于兹乎。吁，将来有志于是者，/当法前人继述之能，不没师之善而能刻之于珉，扬名于后世，以彰其前人之功，孝者可也。予与九霄平生交好甚厚，故不辞陈其有/生已为未为之志焉。□何勒石？于纪其功业。欲保常住，谨务祖风，欲增未置，确遵先功。/皇图巩固，万亿斯年！时弘治五年岁在壬子仲冬十一月吉旦。门弟子：

首座文喜，退院住持文惠，住持文成，都管文来，提点文清；板桥寺住持明庆，莲花池住持明德，清河寺住持文圆，灵云寺住持成贵，维那行端成宝；成礼、成宾、文通、成明、成先；成义、成新、成果、成秀、成奉；成玉、成显、成怀、成资、成宽、成永；真弘、行正、成亮、明从、真贤；佛祥、佛瑞、佛赞、佛叹、佛云仝立。

石匠刘简、郑得安、郑得祥、杜茂、郑文清、史聚良、张奉。

图 35 《易阳清泉寺碑》正文

重修静安寺碑管窥

一、相关记载和既往调查

民国《易县志稿》第324页记载："静安寺，在县西北百里，奇峰岭外八百山中减场山，有元至元十三年碑。"今其地属南城司乡营安村。而明弘治《易州志》，清顺治《易水志》、乾隆《直隶易州志》等史籍对此寺均无记载，想必因其地处偏远、路径难行所致。现寺庙已毁，至元碑记亦不知去向，仅存明代石碑一通。虽然如此，近三十年来，仍常有各地人士前往瞻视谒读，其中不乏文物研究工作者和传统文化保护热心人士。

勾仲田先生是本乡南城司村人，从医好文，对当地文化研究着力颇多，曾四度对此碑进行调查，形成了较为完整的记录，调查成果发布在易水文化网"民间文学"版块。据其所言，2005年，碑尚立于荒草之中，2008年，碑已倒伏于地，左上角被砸掉碗大一块，上半截被震，出现多处细微裂纹，解体之虞已见端倪。阅读仲老所录之文，发现个别字句未及详订，对文义理解造成一定影响。同时其附记中言及碑中当今难以释读的古字、异体字较多。对碑文进行进一步调查，留取相关资料，推动抢救保护工作已经十分紧迫和必要。

二、调查简要过程

鉴于《重修静安寺记》碑的保护状况，2015年8月5日，易县政协副主席耿左车带领部分政协委员一行十余人前往考察，我有幸应主席之约跟随前往。

静安寺位于营安村一个名为"北八百"的山庄，相对应的"南八百"则属于相邻的长岭村。八百山的主峰海拔1186.3米，属摩天岭山脉，西望就是高1303米的东大梁和易县最高峰——高1813.3米的摩天岭主峰。

去"北八百"，要从"桃园"弃车步行。在村支书张艳军的引导下，历时两个多小时，沿崎岖窄径跋涉三四千米到达。山路蜿蜒于巨石间，近抚远观皆以石成景，或浮于山表，或露头窥伺，或大如楼宇，或形如龟隼。沿途藤蔓攀于崖树，山花开于路侧，偶见泉水涓涓，时闻深涧鸟鸣。时近立秋，林中的知了已经迫不及待地唱起了“呜嘤哇”，虽然天晴朗曜，而行走在林荫曲径中，并无太多不适。

寺庙遗址在山坳之中，略呈东西向，西依八百山主峰，东开山口，南北两道山脊。几级台地迭次排列，原为农田，现荒草萋萋，难辨畦垄。山坳南面的小横梁上为一带厚厚的黄土，但未见建筑迹象。向东的一处巨石之上，原有石幢，或有灵骨，知情者称现仅余一坑。张艳军介绍，北八百原为营安村的一个村民小组，有六户村民，一户韩姓，五户张姓，1996 年后陆续迁入主村。现有三两户人家为放羊便利，在此居住。石墙青瓦小院紧依北山，宅前空地广约有三亩。《重修静安寺记》碑就卧在这片空地之中，赑屃碑坐几乎埋没地下。

由于没有拓印人员和工具，一行人决定由我现场录文，耿左车、于正万、冯来友、刘祥东、李义海等人共同辨别。为了易于识认，我们从村民张耀处讨得着半瓢面粉，适量施于字口，于正万拍摄了碑面文字。当日中午 12 时，完成抄录。

回程后，根据记录对碑文进行整理和录入。整理中发现，有些字用手写方式在手机上可以输入，但在电脑处理过程中不能显示，有的字根本无法打出。为此，请卢西西女士用印刷造字软件新造字若干。可以说，本次调查是一次各界人士、各种技术手段成功合作的行动。

三、碑文格式和内容概要

此碑为青白石质，高 208 厘米，宽 90 厘米，厚 18 厘米。观其文字到达顶端，结合署名中有“法宁篆”字样，其应当另有碑首。碑刻尚清晰可辨，字为楷书，文近骈体。全碑文字 21 行，其中碑题 1 行，撰文、篆额、书写、立碑人、石匠题名共 5 行。正文 15 行，满行 63 字，“皇帝”“大明皇帝”“京华敕赐”三处采用抬写格式。

碑文八百余字，分四个层次，如图 36 所示：

第一部分为方位环境描述。大意为静安寺位于易县城西北百余里，这里地处偏远，山高林密，道路崎岖，巨石满山，四时景色宜人，正是一处修行隐居的理想场所。对于环境的描写，充满了诗情画意，诸如“春风日暖，桃红李白共竞鲜；秋日霜寒，柏翠松青俱争盛”“云封谷口甘霖澍，雾锁山头瑞雪飘”等句。

第二部分为追溯历史。碑文称，静安寺不知创于何时，当时有元至元十三年（1276）皇帝圣旨护持之碑、灵骨塔等早期遗存。一通石幢记载，先前有一位坚公，是这座寺院的开山祖师，“道高德重，度门人五十余”。坚公姓杨，完州（今河北顺平县）南台鱼村人。后来寺院“几历兵燹，无人兴复”。

图 36　重修静安寺记

第三部分为重修经过。主要记述了自明天顺元年（1457）慧昉师徒重修殿宇、光大寺院的过程，是此碑的主要内容。文中涉及四个主要人物：慧昉，北京天宁寺闻公的徒弟，俗家姓张，易州山南村人；圆德，慧昉的二弟子，俗家姓徐，与昉公同里；圆真，昉公大弟子，俗家姓刘，易州山北里人氏，昉公退隐之后，奉师命主持寺院；刘均，附近上庄（今称尚庄）村人，树立此碑的功德主。据碑文所载，昉公“持锡而来，于斯重修殿宇，构造库屋。公不数载退隐闲居”，至真公主院时期，静安寺达到了“鲸音鼍鼓，碾磨器具”“佛则有殿，僧则有居，莫不备矣”。为此刘均认为，“若非鋻石，惟恐世易时移，乃没其迹”，于是助赀立碑，以记于后。

第四部分为铭文。铭为四字韵文，共二十四句，皆为赞颂称扬之言，作“重兴大业”“周备弥奇”“万古名垂”等语。

四、相关历史信息

（一）关于奇峰口

近年，紫荆关十八盘以上地区多以紫荆关为方位参照，而碑文开篇即言“易郡西北去百里，奇峰关外……”。奇峰岭是易县的重要山脉，周围至今存在着奇峰庄、奇峰塔、奇峰口等地名，标示着奇峰岭及奇峰古道的范围和走向。文中所称奇峰关即奇峰口，奇峰岭古道是从草原进入中原地区的重要通道，其路从今石门店、王贾庄、奇峰庄向北过奇峰岭，下山向西北，经文海、桑园、南城司等村镇，可达金水口以外。直至20世纪70年代，还常有行人或驮运牲畜从奇峰岭通行，称之为“过岭”。静安寺不以紫荆关为方位参照，从一个侧面说明了当时奇峰口的位置之重要。

从飞狐岭经行涞源、紫荆关进入中原地区的狭长通道旧称蒲阴陉，为太行八陉之一，在易县境内，是以紫荆关为代表的一组关隘，奇峰口是其中之一。奇峰口属于紫荆关长城防御系统，位于紫荆关东北方向，向西南为官座岭口，向东为沙峪口。参阅弘治《易州志》卷三第二页和卷五第六页相关记述可知，明初设立奇峰岭口巡检司，协同官军把守关口，并设有烽墩。桑园村的奇峰口自然庄旧为城堡，山上现存一段明代长城。明正统十四年（1449）发生“土木堡之变”，皇帝朱祁镇被瓦剌俘获，明朝对紫荆关的防卫更加重视。静安寺重修肇于英宗皇帝复辟的第一年，立碑于正德元年（1506），真公修建庙宇完成于成化和弘治年间，这一时期紫荆关长城沿线虽处边塞，但仍属于人员密集的繁荣之区，于此重修寺院，既与明代重修庙宇的潮流相吻合，又与地区性的社会经济状况有必然联系。

（二）碑文涉及的其他寺院

碑文中共涉及北京及本地的四座寺院，史籍之中皆可循得踪迹，只是其中人物难以考证。

碑文书写者为易州宝峰寺觉道。清顺治《易水志》言寺“在州东十五里，至元二十年建”，但没有载明具体村镇。乾隆《直隶易州志》中仅有名称记载，没有留下其他信息，民国《易县志稿》亦原引乾隆《直隶易州志》。

天顺元年启动静安寺重修的慧昉是“京华敕赐天宁寺闻公之高弟”，所以静安寺与天宁寺存在师承关系。清雍正《畿辅通志》卷五十一载：天宁寺，在广宁门外，元魏孝文时建，名光林寺。隋仁寿间曰宏业寺，建塔藏舍利。唐开元中改曰天王寺，金大定中改大万安寺，明宣德中改天宁寺，正统中改万寿戒坛，今仍名天宁寺。内有塔高十三寻，四周缀铎以万计，音无断绝。元朝末年，天宁寺曾遭到灭顶之灾，整座寺庙随豪华的金中都毁于兵火，仅余孤塔，茕孑无依。明朝永乐元年（1403），明成祖朱棣下令重建寺庙，从此便有了“敕赐”之荣。明正德十年（1515）和嘉靖三年（1524）两度修缮天宁寺。明末寺院再毁，清康熙二十一年（1682）重建。乾隆二十一年（1756）重修，乾隆四十七年再次修缮。

《重修静安寺记》碑的篆额者是敕建大慈仁寺的法宁。雍正《畿辅通志》卷五十一载称“慈仁寺，在广宁门内大街，明宪宗为孝肃周太后弟吉祥建。有二松，相传金时植，后有毗卢阁，左有槐树，又有辽乾统三年尊胜石幢尚在。《析津日记》俗呼报国寺”。由于碑额缺失，法宁师傅的篆书已经难以见到。

碑文撰写者是敕建大兴隆寺的明忍法师。大兴隆寺原称大庆寿寺，雍正《畿辅通志》称其为大慈恩寺，地址为现北京西长安街电报大楼东侧。始建于金章宗明昌元年（1190），元初重建。由于元代初年国师海云禅师在此主持，此寺名振全国。该寺以其双塔著名，一塔九级，称“天光普照佛日圆明海云佑圣国师之塔”；一塔七级，称“佛日圆照大禅师可庵之塔”。由于寺院有多位高僧主持，故历代曾多次修复。明正统十三年（1448），太监王振重修，易名曰“大兴隆寺”，又称“慈恩寺”。明嘉靖、清乾隆年间均有重建修缮之举。民国时期，由于双塔宏伟壮观，为北京地标建筑，百姓家庭合影多以此为背景。后因城市改造，现仅存“大蒙古国燕京大庆寿寺西堂海云法师道行碑”。大兴隆寺得名于英宗皇帝蒙尘的“土木堡之变”的前一年，而静安寺重修于其复辟改元之初，大兴隆寺的法师为静安寺重修撰碑，似有冥冥之中的某种机缘。

（三）生态环境恶化缘起

碑文显示，当时静安寺所在的八百山“东西两峃，稠林穊卉，前后双峰，古柏苍松”“古松皮裂似龙麟”，是一处林木茂密之地。静安寺附近的尚庄村现存一古枫树，估测树龄近千年，建国村、南城司、北辛庄等村现存直径 2 米以上的古树 6 株，且有枫树、仁木树等如今当地较为少见的树种，这些遗存为碑文记载提供了实物佐证。如今，这一地区虽然植被良好，但多为灌木丛林和近三十年新植树木，古树罕有踪迹，无法与碑文记载相对应。这一变化与始于明代宣德年间的采薪烧炭有直接关系。

明弘治十五年（1502）纂就的《易州志》卷三记载，为供应皇家薪炭，内府于宣德五年（1430）在平山设置山厂，不久迁至易州沙峪口（今属白马乡盘神庙村），景泰年间移置满城县西十里。天顺元年（1457）又迁回易州，在州城西二里建部堂，其地为今厂城村，村名亦因此而得。志载，当时“率于西山寨口置厂烧采，地荒又徙他处”。易县的柴厂、木厂、徐家厂、厂东关、木槽（属厂城村）等地名都与山厂设立之后延续下来的伐木烧炭行为有密切关系。

山厂部堂设于易州之后，烧采规模明显扩大。在满城时，“惟设部堂一所，周以垣墉，以稠木盖以茅茨，仅蔽风雨而已”。到了易州则“环以土城，八府五州分治，以次而列皆南向。前有东西长衢，各属州县分治列焉，每门各设坊牌以记之。其部堂府治两傍各有隙地，为积放薪炭之所，并植果蔬以供日用。部堂总其纲，府州县佐二官分理其事。民执兹役者岁万亿计，车马辏集，财货山积，亦云盛矣”。但短暂的表面繁荣带来了严重的生态灾难，志云：“昔以此州林木蓊郁，便于烧采，今则百里内山皆濯然。举八府五州数十县之财力，屯积于兹，而岁供犹或不足，民之膏脂日以告竭，在易尤甚。”在易州烧采的州府是直隶真定府、保定府，山东兖州府、青州府、东昌府、济南府，山西太原府、平阳府及其直辖五州，共计 36 州 188 县。

静安寺重修始于天顺元年，重修碑记刻于正德元年（1506），中间经历天顺、成化、弘治三朝 49 年，正是山厂“大有作为”的时期，寺院所在的生态环境受到影响应当是不言而喻的。奇峰岭下的文海村与静安寺所在的营安村同属南城司乡，在文海村的东沟、黄土坨坻、峨眉寺岭等处，屡有炭渣、炭窑遗迹等烧炭迹象发现，问及村中耆老，称百年之前村中仍有以烧炭为业者。考其时间，大概为清亡之后，因为清雍正八年（1730）选定西陵吉地之后，拒马河以东以南处红桩之内，严加封禁。但有清一代，静安寺所处的拒马河以西不在封禁之列，烧采之举恐难息绝，烧炭职业在当地传承应在情理之中。20 世纪 90 年代初，烧炭之举一度复兴，再度造成生态破坏，幸被政府及时制止，而其炭窑尚有存者。

五、不常见字词

《重修静安寺记》写景叙事清晰晓畅，起承转合收放自如，经典运用不着痕迹，用字精当，辞韵优美，虽为文言，但读来句读明确，毫无涩滞之感。如“东西两岀，稠林穊卉”句，用一个“岀（xué）”字把山多大石的场面描述得淋漓尽致，一“稠”一“穊”将林木茂密、花卉满山的画面呈现眼前。一些字形结构与常见写法有异，能反映当时及书丹者觉道的书写特点，第一行倒数第二字“槩”，是“概”的异体字，出现在“宝山后一槩之名兰”句，本句中的“兰”即“兰若”，意为森林，引申为退隐修行之地，或用以称寺院。此碑中，“嵯峨”“崄”均作“山”字在上。

因此碑刊刻于五百多年前，一些字词含义发生变化，个别字体已不再使用，尤其是几个异体字现在的常用辞书未见收录，电脑字库不支持录入，为此，笔者就有关字词向杨宝忠、吴磬军等专家请教之后方勉强完成释读，录文附后并试施句读，以便将请教成果与大家分享。

𢇍，即“绝”，出现在碑文正文第一行第十六字，“绝竣余焉”，如图 37 所示。

𠧧，“乃”的异体字，第七行最后一字，“有僧慧昉乃京华敕赐天宁寺闻公之高弟”句。“高弟”指学生、徒弟。如图 38 所示。

㞐，即“居”，出现在第八行倒数第五字，“公不数载，退隐闲居”句。而后面两次出现的“居”字则为正体。如图 39 所示。

埊，即“地”字，第十一行第三十字，“内外地基”句。此字为武则天所造①。如

① 张涌泉：《敦煌写卷武周新字疏证》，载《中国文字学报》第七辑，商务印书馆 2017 年版，第 213 页。

图 40 所示。

𡥈，即“教”，第十二行第二十六字，“善教于人”句，如图 41 所示。

賗，“贿”的异体字，取其“财物”之意。出现在第十五行第三十六字，“刘均助贿”句，如图 42 所示。

此外，碑文第二行“桃红李白共兢鲜”之“兢”为“競（今为竞）”方合文义，如图 43 所示，可辞书中没有查到两字通假的解释。“歬（前）”“剗（铲）”“塐（塑）”“霔（澍）”“憗（整）”“剏（创）”“埶（势）”等异体字及一些没有疑义的繁体字，按现行正体录入。另附部分字碑版字形，供方家参阅并指正此文。

图 37 绝

图 38 乃

图 39 居

图 40　地

图 41　教

图 42　贿

图 43　兢

附：碑文

重修静安寺记

敕建大兴隆寺明忍撰

敕建大慈仁寺法宁篆

易水宝峰寺觉道书

易郡西北去百里，奇峰关外，有山嵯峨，绝峻余焉。四面山环水绕，层峦叠嶂，千溪万壑，水流东注，皆归巨淼。山名减场，寺曰静安，山奇水异，境胜清幽。宝山后一概之/名兰，是先古隐栖之梵刹。东西两峃，稠林槪卉，前后双峰，古柏苍松。春风日暖，桃红李白共兢鲜；秋月霜寒，柏翠松青俱争盛。古松皮裂似龙麟，砼石猵斓如虎踞。云/封谷口甘霖霆，雾锁山头瑞雪飘。崎岖窄径，唯有樵夫而可到；巇崄嵬崖，更无游士而堪行。苟非隐山之士，修道之人，岂常人而可居，观其佳境不胜言哉。呜呼，古迹/招提，莫知创自何代。至元十三年/皇帝圣旨护持故碣尚存，西山之下浮图一座，内有灵骨，前竖幢记。昔有坚公，姓杨，完州南抬鱼村人，即完县也。于斯开山，道高德重，度门人五十有余。亘古亘今，有兴/有废，自昔逮今，几历兵燹，无人兴复。至我/大明皇帝，至治弘疆，万邦一统，大崇其善，广建梵宫，靡不有矣。况乎古迹，岂非重修。改元天顺元年，有僧慧昉，乃/京华敕赐天宁寺闻公之高弟，易州山南村张氏之裔。公戒香远播，乡民渴仰，众往远请，不负其诚，持锡而来，于斯重修殿宇，构造库屋。公不数载，退隐闲居，度徒圆真，/次曰圆德。德公姓徐，山南人也，特命真公以主其院。公本郡山北里刘氏之族，自幼不啖荤腥，不乐于俗，宿有灵根。父姥知其不凡，礼昉公为师。昕夕匪懈，执侍巾瓶，/博通经典，戒行清白，禀性温柔，衣不华饰，食不精粗，不贪名利，不尚浮华，乐寂寞，甘淡薄，以道为念，以德服人，四方钦敬。公伐巨木，选梁材，上盖大殿三间，下塐圣像/五尊，左右伽蓝、祖师二堂，廊庑厨库，鲸音鼍鼓，碾磨器具，度门人若干。内外茔基，陂则刬，高则平，窪则窴，缺则补，废则兴，佛则有殿，僧则有居，莫不备矣。真公曰："数载/劳心，今则已憩。"有上庄村功德主刘均曰："予闻圣人以善为用，善教于人，何言劳乎。又闻恶事莫乐，善事须贪，公何废善不行欤？虽成大业，若非鏊石，惟恐世易时移，/乃没其迹，当竖一石，以纪于后。"是以刘均助赀，命工斫石已讫，来请予文，用书始末，勒碑为记。铭曰：

减场梵刹，昔古营为，水泉甘洁，山势崔嵬。坚公预建，昉后跟随，重兴大业，再整招提。真公居此，与德弗离，弟兄同志，效古思齐。

不惮劳苦，久守非移，粗衣蔽体，饱食蕨薇。身安薮泽，心乐熙怡，殿宇廊庑，周备弥奇。刘均助贿，命匠鏊碑，刻书始末，万古名垂。

大明正德元年季冬吉旦徒妙寿立石。

本邑匠人李刚、张自□、杨□和刊。

建新村重修中山院碑调查记

2016 年 5 月 28 日，易县政协副主席耿左车带领县政协李义海、于正万、许海东和文史工作者张洪印、沈志维等人，赴建新村对古代碑刻和历史遗迹进行调查。

当日上午调查了六门堂凌虚观碑，下午前往中山院旧址调查。中山院旧址位于建新村寺儿沟，须沿六门堂路口处继续上行，位于河道西侧。

中山院旧址现有一户南姓村民居住，据其称有两通玉石碑刻被掩埋保护。重修中山院碑位于住户地阶之下，附近有碾盘、磨盘各一。此碑身首一体，青石质，高 166 厘米，宽 81 厘米，厚 18 厘米。碑面保存大体完好，前半部分缺字较多，碑额饰如意云纹，中间篆书“重修中山院记”，竖三行，行两字，自右向左排列。正文亦竖行，自右向左，楷书，共 21 行，一般行次满行 40 字。“朝”“京华”“□都”“圣寿”四处抬写。如图 45 所示。

《重修中山院记》碑树立于明正德六年（1511），去今五百多年。碑文主要记录法慧及道林师徒从景泰至弘治年间光大寺院的功绩，文字流畅，易于理解。碑文所载，中山院是一处古迹梵刹，位于“易郡西北马头口内”，与附近的六门堂凌虚观、洪崖山寿阳院同始于金代。明景泰年间，京华安宁坊刘某抛妻弃子，半路出家之后得名法慧，至此之后，“诛茅构室，隐居修道”。度化两个徒弟，其小者法名道林，号古檀，是顺天府宛平县人，俗姓刘，18 岁登坛受戒，后接掌院事。掌院期间，印造经卷、盖造殿宇、塑造佛像、绘画圣境、栽植树株、扩展田地、增置器具、阅经礼佛，中山院大有发展。

中山院与北京关系密切，法慧师徒均来自北京地区，是碑撰文篆额者亦为北京寺院的僧人。撰文者署名明忍，篆额者为法宁，所属寺院字迹漫漶，但考诸奇峰岭外八百山《重修静安寺记》，明忍和法宁分别为北京敕建大兴隆寺和敕建大慈仁寺的僧人，彼碑建于明正德元年（1506），早于此碑 5 年。书丹者同为易水宝峰寺僧人觉道，寺位于易城之东七八公里山北村，始建于元代。另有娄亭大鱼沟睒子洞正德十四年《造像圆

图 45　重修中山院记

满之记》碑亦为觉道所书，署名“易水山北宝峰寺埜叟觉道书”，可以猜度，觉道是当时的“写碑能手”。易州方志中，只记宝峰寺位于“州治东十五里”，未详某村，通过碑刻记载，可确认在山北村，于史有补。山北村现分为东、南、北三个村，据了解，宝峰寺在今东山北村。在书写此碑时，觉道用到了现今不常见字“瓦”，如图 46 所示。《康熙字典》释为“吾化切，蛙去声，施瓦于屋也”。现在的《辞海》等辞书，将其归并于“瓦”，标注四声，表“施瓦于屋”之意。其句“涅瓦已讫”，意即抹墙铺瓦完毕。“祝延圣寿”之“圣”字，写作三个王上一下二相叠，此写法今亦废止，同样写法，还出现在前述《造像圆满之记》中。笔者所见觉道所书《重修静安寺记》等三通碑刻，留下多个异体字用例。

图 46 涅瓦

碑的篆额者是敕建大慈仁寺的法宁。清雍正《畿辅通志》卷五十一载称：“慈仁寺，在广宁门内大街，明宪宗为孝肃周太后弟吉祥建。有二松，相传金时植，后有毗卢阁，左有槐树，又有辽乾统三年尊胜石幢尚在。《析津日记》俗呼报国寺。”《重修静安寺记》碑额缺失，今见此碑之法宁的篆书，岂非夙缘使然。

碑文撰写者是敕建大兴隆寺的明忍法师。大兴隆寺原称大庆寿寺，雍正《畿辅通志》称其为大慈恩寺，其地址为现北京西长安街电报大楼东侧。始建于金章宗明昌元年（1190），元初重建。由于元代初年国师海云禅师在此主持，此寺名振全国。明正统十三年（1448），太监王振重修，易名曰“大兴隆寺”，又称“慈恩寺”。明嘉靖、清乾隆年间均有重建修缮之举。

同时中山院所处的马头口是草原地区进入中原地区的重要通道之一，是紫荆关防卫系统的重要组成部分，军事地位十分重要。明弘治《易州志》记载，附近有东流窝寨、朝天寨、马头寨，并设有东马头口、沙峪口、白马湾口烽墩。明宣德至景泰年间，内府专以烧采薪炭供应的山厂设在与中山院一山之隔的沙峪口，其时，正值中山院复建之初。上述情况与中山院的存废兴衰是否有内在联系，需要深入的调查工作和更加充分的资料予以揭示。

附：重修中山院记

□□□□□寺明忍撰文

□建大□□寺法宁篆额

易郡去北三十里马头口内，有古迹梵刹，曰中山院，现隶贮粮社。夫中山院者，古人以山为名也。□□□/环之，壁立万仞，巍峨巉崄，中有其屏，故曰中山院也。幽邃深远，静绝喧哗，青松翠柏，林木茂盛，西□□□/流出，甘泉清凉，□谷□溪，涧水潺潺，流注鼓响雷鸣。其中山院者，自大金已有焉，虽经兵燹，基址不□□/朝景泰年间，有师法慧□越/京华安宁坊人氏。师姓刘，晚年从释，厌俗出家，抛妻弃子，削发披缁，脱离樊笼。孤云野鹤，策杖闲游，远城市，入/山林，来诣此山。观其地势，悦为佳境，卓锡于此，诛茅构室，隐居修道，餐松啖柏。师道高德盛，感动四方之/人，背负肩荷，远饷斋粮。师度徒有二，长曰道如，次曰道林。林公号古檀，/□都顺天府宛平县人，父刘五，母王氏。公宿有灵根，蚤岁出家，天资颖悟，学解超群，年十八岁，笃志非常，登坛/受戒，坚持不□，恒诵法华大经三载不下于山。夙兴夜寐，朝参暮礼，渐渐积功，时时修习。又印造华严、涅/槃、金光明、报恩经、心地观五大部经，常诵披阅。复铸金相一龛，正释迦、左药师、右弥陁，弥勒、世尊、观音、地/藏并护法二尊，韦驮尊天、托塔天王。香花灯烛，陈设诸供，岁月弗乏。又画西方圣境一巨轴，盖造方丈、厨/库、龛室，栽植斋果树株，斫垦山田，垒砌垣墉，平治地基。高则刬之，凹则垫之，险则治之，阻则通之，缺则补之。/复于弘治十六年三月，积材伐木，命匠重修佛殿三间，彩梁绘栋，烧砖陶瓦，涅瓦已讫。中塐毗庐佛，左/右文殊、普贤、阿难、迦叶，伽蓝、祖师二堂，圣像具备。包砌台基，置买常住地五十亩，书于碣阴。前盖钟鼓二楼，碾磨器具，靡不备矣。旦夕焚香，祝延/帝寿，福佑邦家，保安黎庶，则是利国利人，用报洪恩，功及一切者也。公思修葺事业，数载勤劳，仅方毕矣，当竖/一石以垂千古，由是命工鏊石，来丐予文。予观其形势，陈书始末，贞珉为记。时

大明正德六年岁次辛未仲春吉旦，易水山北觉道书。

金台杜瑄同男杜广镌。

吕村大觉寺遗碑录

吕村大觉寺位于易县塘湖镇吕村西北山上，北为南易水，与南邓家林村隔河相望。寺址坐西朝东，背靠山峰，前为平地。现存石碑两通，呈南北排列，第二次全国文物普查时，登记为不可移动文物。有人出于保护目的，用油漆在上面书写了“严禁破坏此碑；易县人民政府公告；易县文教局，一九九一年元月廿日”三行大字。如图 47、48 所示。

图 47　南碑现状

图 48　北碑现状

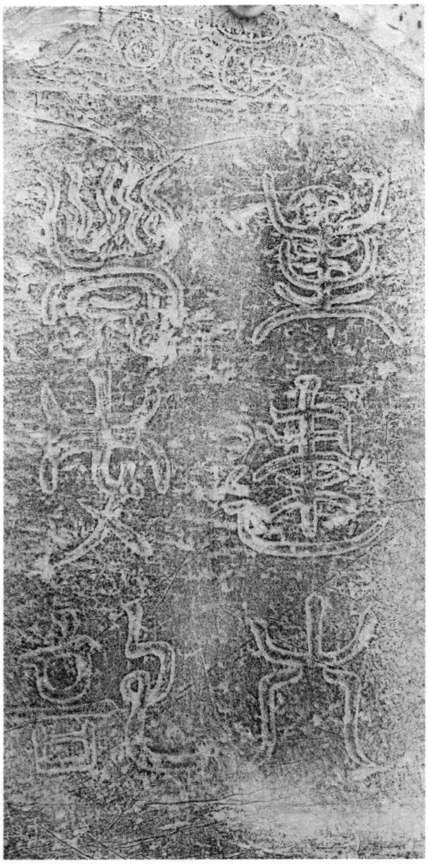

图 49　北碑额篆书

两碑均为青石质，双龙碑首，赑屃碑座，落款时间为“大明嘉靖十一年岁次壬辰冬季月吉日立”，字迹保存大体完好。南碑通高 234 厘米，宽 82 厘米，厚 22 厘米，碑首高 84 厘米。额楷书“大觉寺记”，竖两行，行两字。碑文共 22 行，字皆楷书。其中碑题一行，“重建神台山大觉禅寺记”；题名两行，分别为“本州儒学教读杨□”“野坡散人静学子江宁李宣”，依惯例应为撰文书丹者，但由于下面残缺，不可妄断；正文 16 行，一般行次满行 39 字，遇“皇”“圣”退格；赞词两行，共 8 句，每句 4 字；最后落款一行，载明立碑时间和刊刻匠人姓名。碑阴额题楷书“万世芳名”，竖两行，行两字。北碑通高 254 厘米，宽 84 厘米，厚 24 厘米，碑首高 94 厘米。额篆书“重建大觉寺记”，竖两行，行三字，如图 49 所示。碑文共 21 行，字楷书。其中碑题一行，“重修神台山大觉寺记”；正文 17 行，一般行次满行 36 字，个别行次抬写；赞词两行，共 8 句，每句 4 字；最后落款一行，载明立碑时间和刊刻匠人姓名。未另署撰文书丹篆额者。碑阴额题楷书“檀越芳名”，竖两行，行两字。

两碑记载主要内容为明正统年间（1436—1449）至正德四年（1509）的几十年间，当地城阳村善士李原（元）、张定忠等前后相继，兴复大觉寺的过程。北碑在记述上述过程的同时，记录了张定忠去世之后，住持真安及刘智兴、刘幹等人相继装朔天王、起盖三门、立碑为记的举动，时间跨越正统、景泰、天顺、成化、弘治、正德、嘉靖七朝。两碑碑阴刻修寺职官及出资人姓名。

根据碑刻记载，大觉寺始建于辽景宗（耶律贤，969—982 年在位）时期；金章宗完颜璟明昌（1190—1196）年间，寺院鼎盛；元至正末年，朝代鼎革，屡遭战乱，寺院被毁。明正统年间，神台山东隅城阳村善士李原、僧湛才与乡人协力重修佛殿一所。李原同村的居士张定忠，从弘治元年（1488）到正德四年（1509），建大雄宝殿三楹，塑阿弥陁佛及四大菩萨、罗汉、诸天圣众之像，建伽蓝祖师二堂、钟鼓楼阁、金刚殿门和方丈精舍。正德十三年，张定忠去世，大觉寺住持真安和城阳村诸善士装塑天王，刘智兴、刘德江、王銮、王奉、刘文保等起盖三门。嘉靖十年（1531），刘幹、真安、刘良、刘文宝、真永、刘仲仓、李谨、刘智兴、李宪、王鸾、王奉、澄明、杨士虎等着手刻铭建碑，次年树立。

在溯源佛教传入、描述地理环境、记载寺院沿革的同时，撰文者还站在一个儒生立场上，对佛教加以赞扬，对先儒视佛教为异端的观点予以贬抑。南碑开篇即认为佛教“与吾儒颇同，其默赞皇猷，阴翊圣化，则有补于世道也大矣”。结尾处清晰表明态度——“吾儒以异端非之则过矣!”认为儒教“后世圣不如释迦佛，仁不如达磨祖”。论证中所言“无为而民化，不言而民信”，出自朱熹《论语集注》引范氏之句：为政以德，则不动而化、不言而信、无为而成。“荡荡乎，民无能名焉”出自《论语·泰伯》，原是孔子对尧之为君的赞颂。荡荡，意为广大博远；名，意为以语言形容赞美。“吾儒以异端非之”，所指为朱熹《论语集注》引程子之言：“佛氏之言，比之杨墨，尤为近理，所以其害尤甚。”所称杨墨，指战国时期同儒家对立的杨朱与墨翟的学说。《论语集注》引范氏之论：“异端，非圣人之道，而别为一端，如杨墨是也。”唐代韩愈亦曾谏迎佛骨，称佛“夷狄之一法耳”。孔子曾言“攻乎异端，斯害也已”，而夫子无具体指向。

为保存资料，兹将碑文附后。

一、南碑：大觉寺记(如图 50 所示)

重建神台山大觉禅寺记

本州儒学教读杨□

野坡散人静学子江宁李宣

释氏之教流通中国千有余年，始于汉明，盛于梁武，炽兴于宋魏之代。稽其教之所言，其陈说□□□/明心性，与吾儒颇同，其默赞皇猷，阴翊圣化，则有补于世道也大矣。是以千万世之下，□□/教者莫不敬信，宜乎！招提布于四海，禅林遍于天下，在在处处，无不有之。易州为古燕之都甸，山川秀/丽，人物俊伟，乐善好释，济济其众。州治之坤方，尉都社之境，有山曰神台，巉岩削壁，嵂崒嶙峋，北对长/城，西接孔山，清流绕麓，翠柏盘峰，林木蓊然，幽致可爱。大辽景宗时，上建梵刹，寺曰大觉。金明昌间，禅/林愈盛。元至正末，屡遭兵燹，殿堂颓毁，僧居竟没于荒榛，遗址尚存于荆棘。迨至我/朝正统间，山之东隅城阳村善士李原，率乡人重修佛殿一所，虽能经理，未甚完美。迨至弘治初，原村/居士张定忠，惜山境胜丽，厌殿宇隘微，复于古殿遗基之上，东向建大雄宝殿三楹，中塑/阿弥陁佛及四大菩萨、罗汉、诸天圣众。南北翼列伽蓝、祖师二堂、钟鼓楼阁，前建金刚殿门，后筑方丈/精舍，松柏列于墀

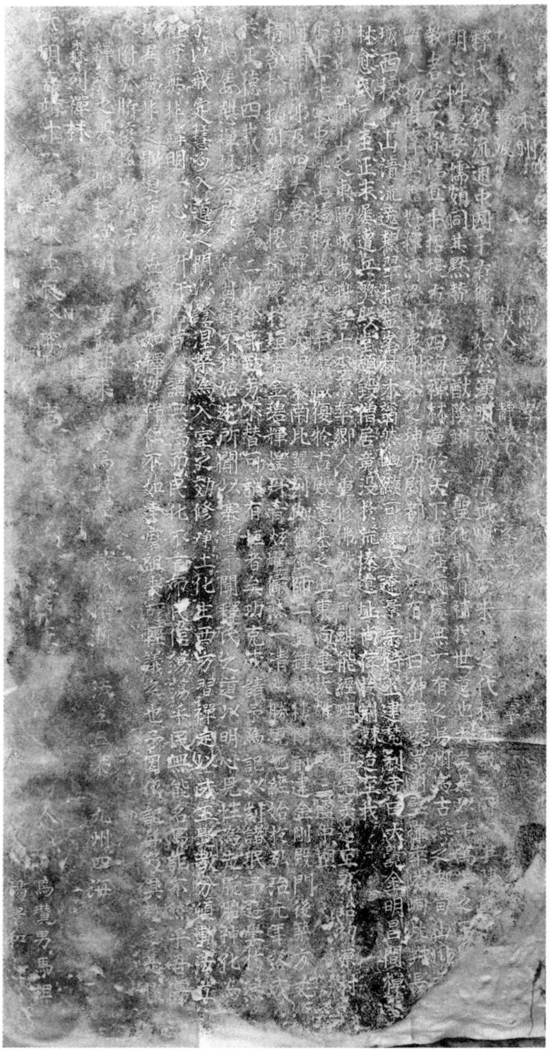

图 50 南碑全拓

阶，槐榆环于垣堵，金碧辉煌，丹青炫耀，俨然一清幽胜境也。经始于弘治元年，落成/于正德四载，张公营为二十余年，勤劳不替，可谓有恒者矣。功克成，请予为记，以刻诸珉。予游学于燕/数载，屡憩禅林，客于公邸。固辞不获，姑述所闻以塞责。予闻释氏之道，以明心见性为先，脱胎神化为/了，以戒定慧为入道之门，以证涅槃为入室之效，修净土化生西方，习禅定以成正觉。教分顿渐，法立/惟实，无非讲明一心以新污俗。昔人谓无为而民化，不言而民信，荡荡乎民无能名焉，讵不然乎？吾儒/以异端非之则过矣，后世圣不如释迦佛，仁不如达磨祖，未可轻议之也。予因作记，并及其教之是非/以附于斯，复铭以赞云：

释教之兴，始于汉明，摩藤西来，白马驮经。教分顿渐，法立三乘，九州四海，/森列禅林。

大明嘉靖十一年岁次壬辰冬季月吉日旦。刊字匠人：马瓒、男马相，杨景和。

二、北碑：重建大觉寺记(如图 51 所示)

重修神台山大觉寺记

易为古燕之都，山川秀丽，地灵人杰，多奇山佳景，雄于他郡。去州治坤方四舍许唐胡川之中，/古长城之阳，有山曰神台，形势嵯峨，仿佛状龙，削壁嶙峋，巉岩崔嵬，清流环于山麓，翠柏盘于/峰头，地境清幽，林木翁郁，为易水郡佳景之魁者也。比辽时建梵刹于上，寺额曰大觉，历金及/元，禅林兴炽，遭至正末，殿宇煨毁兵燹，禅关颓败于荒榛，僧居虽没蒿蓬，遗址尚存于荆棘。迨/至于天下周汉唐之末，于我/

国朝正统间，城阳善士李元，偕僧湛才复兴修建，南尚立佛殿三楹，伽蓝堂一所。虽能经治，未/甚巍宏。适有城阳居士张公定忠，蚤好释典，崇尚沙门，复于古殿遗基之上，建大雄宝殿三楹，/东向而居，中塑南无/阿弥陀佛，傍塑观音、地藏、文殊、普贤菩萨及十八罗汉，诸天圣众，翼列伽蓝、祖师二殿，前建山/门，后树丈室，丹青炫耀，金碧辉煌。墀列松柏挺秀，垣植槐柳成林，城[①]为胜境之福地也。经始于/弘治改元之初，落成于正德四年之夏，张公经治二十余年，备历勤劳，始终不怠，诚有恒笃至/志之士也。功克成，复立石以纪其事，请记于予。予游学于易水郡散[②]载，屡憩神台，与张公为方外，/不获固辞，直述其事之本末，复铭于左。正德十三年张公病故，有在寺住持真安同本村装塑/天王，刘智兴、刘得江、王銮、王奉、刘文保起盖三门殿边，景元发心，将殿内石供掉七张已圆满，无/凭供养。今嘉靖十年，有本村善士刘斡，见寺石碑无人所立，伊住持真安会耆民刘良、刘文堂、/真永、刘仲仓、李谨、刘智兴、李宪、王鸾、王奉、澄明、杨士虎供一十三人，因会作同室，立石碑圆满，/永刊石字为照，开具于后。

图 51 北碑全拓

佛氏之教，有补于世，阴翊皇猷，默赞圣治。法大力洪，/道尊德贵，西来妙法，万里咸备。

大明嘉靖十一年岁次壬辰冬季月吉日立。石碑镌字匠：张大林、男张朝用，史永全。

注释：

①城：当为“诚”字之误。

②散：当为“数”字之误。

重修紫荆关碧峰寺碑简记

重修紫荆关碧峰寺碑原位于易县紫荆关镇三里铺村北 150 米，国道 112 线北侧山沟里的农田之中，碑阳向西。此处原有碧峰寺，北是大山，东为紫荆关小新城，西、南为三里铺村民居。东南距紫荆关关城 1500 米，南距拒马河 200 米。由于张石高速建设用地，碧峰寺碑位于高速线上，经上级部门同意，2009 年 10 月将此碑移至文物保管所紫荆关长城工作站院内保存。

此碑于第二次全国文物普查时登记为不可移动文物。2008 年 3 月 16 日，第三次全国文物普查易县复查队李连柱、郝志国与笔者进行复查登记，并草录碑文。是碑立于明嘉靖二十六年（1547），花岗岩质，通高 300 厘米，宽 90 厘米，厚 25 厘米。双龙碑首，碑首阴刻篆书“重建紫荆关碧峰寺记”，竖排三行，每行三字，如图 52 所示。青石

图 52　碧峰寺碑首

龟趺座多半埋入地下。关中荆坡道人赵楠撰记并书丹篆额。碑身风化严重，锈迹掩盖石质本色，碑阳文字部分不可辨识，碑阴文字全蚀。时隔十年之后，制拓校录碑文，发现碑体上端两角皆损，碑面崩裂加重，损及多处文字。然而，所制拓片虽不清晰，仍对草录碑文有决定性补益。足见保护之紧迫，及早传拓留存史料之重要。

碑阳文字楷书阴刻竖排，正文 14 行，一般行次满行 58 字，第二行“□朝”，第三行“太宗”，第十行“命、来”，第十一行“皇上”采取抬写格式。碑题 1 行，铭词 2 行，记时署名落款 1 行。

碑文主要记述了碧峰寺重建及树碑的过程。明成化元年（1465），都城僧觉仁游历至此，发现碧峰寺旧址，遂发心重修寺院。成化辛丑年（1481），觉仁欲建碑刻铭，但因故碑石断裂，未能如愿。六十年之后，彭城武进士田震在紫荆关戍卫，发现断石，询问缘由，命当时主僧性晓继成其事，性晓指定同寺僧真旺主理，遂有此碑。彭城即今徐州，忠武为忠武校尉的省称，在明为从六品武官散阶。围垒是结合卫所制度建设的屯兵设施，又称兵垒，多以石墙围成，设于险要之处，“承二围垒”即管理两座兵垒之意。

树碑时间署为“孟夏蓂生八叶”，孟夏为农历四月，蓂即蓂荚简称，为传说中的瑞草。《竹书纪年》卷上云：“又有异草夹阶而生，月朔始生一荚，月半而生十五荚；十六日以后，日落一荚，及晦而尽；月小，则一荚焦而不落。名曰蓂荚，一曰历荚。”孟夏蓂生八叶，即四月初八。

碑文第七行第 31 字、第九行第 15 字、第二十一行第 23 字字形如今体“亏”，而以此解文义不通，而识为“于”字则符合语境，如图 53 所示。查阅《甲金篆隶大字典》①，发现碑中写法与字典第 307 页所录“于”字之殷商时期字形相类，出处注为“佚五一八背”，308 页载东汉魏晋时期字形，流变为“亏”，出处注为“鲁峻碑”，为此以“于”录

图 53 “于”字用例

① 徐无闻编：《甲金篆隶大字典》，四川辞书出版社 1991 年版。

文。第十行第21字、第十三行第35字“以”书为“苢”之下部，第十三行第24字“万”书为“卐”，亦为当今不常见字形。

撰文书丹篆额的赵楠，字汝梁，自号关中荆坡道人，应为当地人士，《重修紫荆关盘道记》亦为其所撰。

附：碑文

重建紫荆关碧峰寺记

紫荆关要害，为我/□朝藩屏。/太宗文皇帝据险建关，界限华夷，诚亿万载威视天下形胜之地也。关西三里，有芳村古堠，因设传文铺。铺北岗后，一区平阔，有遗址荒芜，耕者恒见砌石宫/瓦，未知废置之由。成化改元，都城僧觉仁纵游于此，而掬水闻香，知有圣迹，掘地尺余，仅得碑额，名曰碧峰寺，是知为古刹也。遂卓锡筑室，以营缮事。远/近闻之，胥乐而津助，鸠工聚材，平治瓦砾，经营陶斫，而鼎构正殿三间，中塑佛像，侍侧则二大天王；两傍丈室六间，以为众僧讲禅之堂；间南左侧伽蓝/殿，右侧祖师殿，桑门则洞启兮前焉，若香积精舍，次第落成。宎桷栋宇，轮奂翚飞，台阶垣墉，靖夷高爽，邑人聚观，惊叹而游赏不绝。是寺也，谷虚地籁，境/寂天香，有岩前塔影，云外钟声，乔松秀柏，红杏碧桃，交梨火枣，兰若天花，粹然于祇园之内外。后有盘石峰峦而南接太行，前有拒马波涛而东入沧海，/虽曹溪鹫岭不是过焉，谓为上方名刹也，固宜骚人迁客，莫不毕集晏咏，修廊题壁。叠嶂重天，谓为紫荆胜地也。亦宜成化辛丑，是僧命工勒石，记其颠/末，俄而碑裂，物故不竟其事六十年于此矣。我/皇上中兴二十载，彭城武进士、都指挥朴斋田公震，以忠武承二围垒，……/命，来守是关，值戍务修举之余，葛巾羽扇，提酒携友乐游于寺，遍历题品，适见断碑，招主僧性晓询其故，悉得其详，因责以继成之事。性晓归属于同寺僧，真/旺者颇聪明，识道理，遂乐从曰：“此吾之素志也。”即而偕善士李镐、沈堂取石于南山之阳，请予词而记之。予所谓记者，志其事，实记其形迹，述其终始，示/不忘也。或日久倾颓，而睹斯记者感发兴起，嗣而葺之，虽千万世必不至于沦没矣。吁是以见田公之志，雅而有以广诗人游观之乐地；真旺之行，坚而/有以昌后人继述之大功。相逢不偶，诚盛举也。予不愧荒菲，谨掇其实而为之铭曰：

紫荆要衢，厥险维雄。关西三里，寺曰碧峰。背山面水，土脉丰隆。地存古迹，时有高僧。营缮重建，宫舍继成。四围叠翠，/万卉峥嵘。迁客骚人，题咏壁中。行者惊叹，传播成风。名为胜地，孰不快□？后人鉴此，勉力崇功。勤俭□□，传之无穷。

大明嘉靖二十六年岁次辛丑孟夏蓂生八叶立，关中荆坡道人赵楠汝梁撰记并书丹篆额。

图 54 碧峰寺碑拓片

易州清真寺古代碑刻浅释及历史沿革小考

易州清真寺位于易县县城内清真寺巷 4 号，为河北省重点文物保护单位。建筑群组坐西朝东，由影壁、大门、省心殿（又称穿心楼）、礼拜殿、讲经堂、阿訇居室、浴室组成，各建筑物之间皆有走廊衔接。占地面积 3106.5 平方米。清真寺大殿坐落在寺中央，呈“主”字形，三岭六坡、四角双层挑檐式。正殿有三门，明柱擎立，牌匾高悬；大殿内，楠木地堂板，明亮照人。正面的八扇屏风上，镶嵌着古老的阿拉伯“库法体”金字经文。寺内现存清代以前碑刻三通和匾文对联若干，是研究清真寺历史沿革的重要资料。

图 55　清真寺大门

一、住持题名碑

住持题名碑立于明隆庆六年（1572），现位于礼拜殿前左侧，青石质，碑额碑身一体，高155厘米，宽66厘米，厚22厘米。碑文概述了伊斯兰教的传播历史，记录了易州清真寺的创建过程，记载了明嘉靖年间易州清真寺住持由礼部实授的经过。

元代开始，回族人士迁入易县境内，最早定居于燕下都北侧碑东村（今北东村）和州治所在，并在碑东村建设了易县境内最早的清真寺。由于年代久远，资料缺乏，具体营建时间失于考证。其时，县内人口以蒙古族人地位最高，回族次之，汉族最低。明代，朝廷对回民普遍信仰伊斯兰教的宗教活动予以法律保护，明太祖朱元璋、成祖朱棣均曾发布诏令，称“华夷无间，抚之如一”“天之所覆，地之所载，皆朕赤子，岂有彼此”，于是“京畿藩省奉敕建寺，府州郡县体照遵行”。易县的回族人以明代迁入定居者为多，主要居住于大巨、塘湖、神石庄等村，西亢各庄董姓回民为明代镇守紫荆关的武职官员携眷落户。域内先后兴建了百泉、塘湖等清真寺。

图56　易州清真寺住持题名碑阳

此碑碑阳向南，额饰云纹，碑身三边饰缠枝纹。额题“住持题名碑记”，阴刻篆书，自右向左竖两行，行三字。碑文楷书，自右向左竖排。标题《易州礼拜寺实授住持记》，正文11行，一般行次满行35字，“真主”“太祖”“皇明”采取抬写格式，高出两字。如图56所示。

明朝规定，清真寺住持由礼部

给付札文予以任命，是为“实授”。易州清真寺于景泰二年（1451）迁建于城内，但历经百年，至嘉靖甲寅年（1554），礼部实授住持的“札尚缺”。于是掌教张勋、李善、丁凤“赴部请给付文”，办理了“实授住持”的手续，并按照京师教都提纲八镇及诸勋宦的要求，于隆庆六年（1572）树立此碑。由于受到朝廷的任命，礼拜殿内曾敬置青石碑一通，莲花底座，高三尺，宽一尺，正面刻“大明皇帝清晖”，此处“清晖”取“容光、面容”之意，背面刻“皇帝万岁”，供外教人士和文武官员参拜。

碑文撰写者马思明是钦天监官员。钦天监是中国古代国家天文台，承担观察天象、颁布历法的重任，位于易州古城西北的候台就是周初兴建的观测天象之所。明初设置司天监、回回司天监，旋改称钦天监，设有监正、监副等官。钦天监又分天文科、漏刻科、回回科、历科。漏刻博士，秩从九品，掌定时、换时、报更、警晨昏，大朝贺时，充报唱官。“将仕郎”为正九品初授之阶，见于《明史·职官一·吏部·文之散阶》记载。表明马思明是从九品实职享受正九品待遇。“直内灵台”即在皇宫内执行天文科的工作，“灵台郎”是明代钦天监天文科主官，秩从七品。提督教习属司礼监系统中的职务。

书丹者卢钺，《明史》无传，但见于记载。《明史·侯琎传》载，正统六年（1441）十一月，卢钺参加平定云南麓川叛乱之役，职务为都指挥；《明史·丁汝夔传》载，嘉靖二十九年（1550）八月，蒙古鞑靼长驱直逼京城，当时卢钺为分守古北口总兵官。①在卢钺书丹的自署职务中，“地方副总兵”一般为从二品，“都指挥佥事”为正三品武职。

篆额者武平伯陈大策是明沔国公陈友的六世孙，陈友于《明史》有传，述及陈大策。据《明史》本传记载，陈大策的先祖陈友原是西域人，洪武年间归附明朝并更为汉名，后居于全椒（今安徽省全椒县）。因频繁出使瓦剌有功，升都指挥使。后因战功晋升都督佥事。景帝继位后，晋升为都督同知。景泰二年（1451），升右都督。天顺元年（1457），出征天堂诸苗，任左副总兵，仍镇湖广。后封武平伯，予世券。后佩戴将军印，充总兵官，征讨宁夏寇乱。召还后，晋升侯爵，不久去世。弘治年间，诏赠沔国公，谥武僖。陈大策于嘉靖十三年（1534）嗣爵，万历五年（1577）卒。② 武平伯陈氏世代积极修缮各地清真寺，其中北京有东四清真寺、通州清真寺，河北有定州清真寺、易州清真寺，山西有大同清真寺，山东有济南清真寺。

两位主持立碑者中，倪英为敕赐清真寺掌教，拥有正五品“锦衣卫千户”职衔，但在碑阴的掌教序列中没有列名。撒文奇为鸿胪寺序班，九品官员。鸿胪寺是主管朝

① ［清］张廷玉：《明史》，中华书局 1974 年版，第 4581 页、5390 页。
② ［清］张廷玉：《明史》，中华书局 1974 年版，第 4488—4489 页。

会仪节、外宾事务的官署，主官为鸿胪寺卿，正九品，序班是为鸿胪寺卿副手。

碑阴与碑阳饰文相类，额题“碑阴题名”，阴刻楷书，自右向左竖排两行，行两字。掌教题名之前的序文，记载了清真寺的迁建过程及原因。“礼拜寺自元朝在城东南碑东村”，明正统十四年（1449）“土木堡之变”后，蒙古瓦剌首领也先攻克紫荆关，劫掠易州，进攻北京，碑东清真寺毁于战火。时任掌教杨守清于景泰二年（1451）将寺“迁移州治里仁巷。在地本教乡民耆老丁谦、陈祥、徐洪、苏荣、范英、米信等协助资财，价买陆地创建”。

住持题名采取续刻的方式，记载了自明景泰二年到清顺治年间十九位掌教的在任信息，时间跨度长达二百余年。根据内容和书体判断，碑阴内容初刻于1610年，即万历三十八年。所列掌教之中，从景泰二年的杨玉至万历三十四年张照计十一位掌教，任职年限连续，没有间断，张照之后署“计圣逝九百七十八年”，回教“圣逝”指穆罕默德去世的632年。此后的“丁掌教”等八位列名于碑的下半部，属续刻，碑列顺治十年（1653）掌教未列姓名。统计掌教在任年限不难发现，明代张纪一系任掌教时间最长，先后有张纪、纪子张恩、恩子张勋、勋弟张照四人担任掌教，累计任职近百年。

附：住持题名碑录文

碑阳：住持题名碑记

易州礼拜寺实授住持记

回辉之教，考之古典，盖自人祖降世，混沌初分，始知归认，无影无像，无比无似，止一□□□/真主造化昆仑，普生万物，天仙往圣，弥多载之，四教经文可考。吾辈没代圣君出自唐开元间，生/知明命，默达天机，降邪归正，教化万方，显圣当时，名垂千载。祖流西域天方国，有寺名曰克/白，其寺天仙助造，殿宇金门，香梁玉柱，景异非凡，乃仙境也。吾教在生者当往谒觐，乃五行/天命之一端也。教之所审者，亦不外于承天顺圣、忠君孝亲纲常之要，认时拜礼、天课诸/斋五命之箴。继圣传流向化于中国，奉帛献玉，进贡而来朝者亦不息其所往焉。洪惟我/太祖恩诏：“蒙古回辉人既居吾土，即吾赤子，果有贤才，一体录用。”是以京畿藩省奉敕建寺，府州/县郡体照遵行，暨司教住持之责而复给以礼部札付，盖允其焚修之请也。吾易寺虽肇立/于景泰初年，而札尚缺。迨嘉靖甲寅，司教者张勋、李善、丁凤援例通告，赴部请给付文，实授/住持，而遂祈天祝圣之愿。值京师教都提纲八镇协诸勋宦，请文树碑，不泯归化之原，咸拱/皇明，祝延圣寿，永为后学之望。是为记。

钦天监将仕郎回辉科漏刻博士直内灵台提督教习马思明撰文。

钦差分守密云古北口等处地方副总兵都指挥佥事卢钺书丹。

左军都督府掌府事武平伯陈大策篆额。
敕赐清真寺掌教锦衣卫千户倪英。
鸿胪寺序班撒文奇。
隆庆六年岁次壬申孟夏吉旦立。

图 57 易州清真寺住持题名碑阴

碑阴：碑阴题名

礼拜寺自元朝在城东南碑东村，至正统年间，虏□犯境寺毁。遗碣刻名，此时掌/教杨守清，继祖相传至景泰二年，迁移州治里仁巷。时在地本教乡民耆老丁谦、/陈祥、徐洪、苏荣、范英、米信等协助资财、价买陆地创建。历年掌教姓名序列于后：

杨玉，景泰二年，掌教十三年；/八信，成化元年，掌教十四年；/米广，成化十五年，掌教六年；/罗玘，成化二十一年，掌教六年；/白洪，弘治四年，掌教九年；/米正，弘治十三年，掌教五年；/张纪，弘治十八年，掌教二十二年；/纪男张恩，嘉靖六年，掌教十五年；/刘永，嘉靖二十一年，掌教九年；/恩男张勋，嘉靖三十年，掌教五十五年；勋弟张照，万历三十四年，掌教。/计圣逝九百七十八年。/

丁掌教；/丁掌教；/马文达，万历四十年，掌教七年；/魏邦宁，天启元年，掌教二十年；/宁男魏子刚，崇祯十二年，掌教年；/苏相，崇祯十二年，掌教六年；/张绪，顺治四年，掌教 年；/ 顺治十年，掌教 年。

二、清乾隆重修易州清真寺碑

重修易州清真寺碑现位于易州清真寺礼拜殿前南侧，与住持题名碑相对。青白石刻成，碑额碑身一体，高 147 厘米，宽 53.5 厘米，厚 16 厘米。碑阳向北，额上部受损，伤及文字，存“垂”“古”二字。碑文楷书，自右向左竖行，碑题“重修易州清真寺碑记”，正文 10 行，一般行次满行 39 字，“圣天子”为抬写格式，高出 2 字。是碑树立于清乾隆四十九年（1784），主要记载了马太生阿訇（碑文作“轟”）重修清真寺，设立大学的事情，如图 58、图 59 所示。

图 58 《重修易州清真寺碑记》碑阳

明清两代，于翰林院设立翻译研究机构，明称“四夷馆”，清称“四译馆”，内设回文译学，促进了伊斯兰教文化的传播，如碑文所记，“圣天子当阳，蒙豢养之恩，立回回译学之馆，课训本教字书，凡通都大邑各立寺宇，则回教之蕃衍亦极盛矣”。有条件的清真寺则设立“大学”，是为当地伊斯兰教文化传播之所。碑记的撰文书写者金天柱，回族，南京人，时任翰林院四译馆正教序班，为职司回文翻译的下级官员，从九品。

碑文记述，景泰之后，易州清真寺屡有修葺，不知凡几。乾隆甲申年（1764），即乾隆二十九年，掌教马太生阿訇“欲立大学训迪四

图 59 《重修易州清真寺碑记》碑阴

方学者”，“协同乡老安定志，不惮勤劳，走都中及潞河湾卫”。“都中”即京城，“潞河湾卫”位于今北京通州。在安定志及白铣、李朝正诸乡老的协助下，马阿訇募化教亲，量材庀工，重修清真寺。“然后两庑辉煌，门庭展阔，学堂客舍，焕然一新。教中之人莫不欢欣鼓舞”。“大学”是以培养阿訇为目标的宗教教育机构，本地穆斯林称其学员为“海里凡”，意为阿訇的学生、替位者、接班人，“海里凡”学成毕业的标志是“挂帐子”，表明这位学员具备受聘担任阿訇的资格。

易州清真寺的大学建成之后，成为京畿地区阿訇的重要培训基地，“海里凡”一度达到 20 多位。其后，“大学院”屡经兴复，一直沿用至今，不仅对当地伊斯兰教文化传播产生了很大作用，并对全国伊斯兰教文化传播产生影响。常耀奎生于 1875 年，易县城内人，其宅在清真寺附近，光绪年间考中秀才，在莲池书院与傅增湘是同学。民国年间，曾任全国水利局总裁、中国农工银行总经理。1925 年，担任中国回教俱进会理事长，与杨开甲等人资助王静斋阿訇翻译甲种《古兰经》，写成《古兰经译解》一书。

碑阴题名者中，有房山营守府王明、易州千总安炳、易州营把总谢智等。除录有人名外，还记录了此次重修的捐款及支出情况：京都捐银五十九两九钱，通州捐银五两，天津卫捐银五十五两，穆家庄捐银二十五两，保定洪升号施银二两，张家湾捐钱五千七百五十文，涿州捐钱六千文，本郡共捐钱五百一十五千零五十文……主要支出项目是砖瓦、石作、木作，买铁器、铜器、油作颜料、铜油纸墨等，“使出钱壹千玖佰壹拾六千零三十文”。如今，清真寺仍依此例，按时公布款项收支情况。

据清真寺乡老徐庆金、马连录介绍，易州清真寺的修建，曾得到清朝皇家的支持。在清真寺水房西北角，有一口水井，据耆老所言，道光皇帝曾经饮用此水。清代御用北京玉泉山之水。一次道光皇帝来西陵拜祭，行至涿州时发现携带的饮用水不足，但又不能回京取水，于是派出人员四处寻找。寻水的人员来到易州清真寺，取出这口井的水，用金斗天平称量，发现与玉泉山的水一样重，再经品尝，与玉泉山之水无异，遂取之献于皇帝。皇帝饮用后大加赞赏。事后，道光皇帝赐给一把打水用的辘轳。此辘轳为铜把手，内置响铃，摇动时叮当作响，声音悦耳，现存于寺中，只是铜把手遗失，换作了铁把手。在修建道光皇帝慕陵工程中，拨出部分余料，为清真寺修建了大门和照壁。照壁挺立于汉白玉须弥座之上，正中原雕有一朵汉白玉石花，花瓣内包含一个汉白玉石球，用手拨动，转动自如。

附：重修易州清真寺碑记

重修易州清真寺碑记

吾教之道，敬一归真，有清真教典始于西域天方国，默罕德贵圣古传，其源远矣。自唐贞观时，传教/中土，至今千有余年，以诚、礼、济、斋、游为纲领，以孝弟忠信、礼义廉耻为条目，凡饮食衣服、冠婚丧祭，大/概从朴素之风，取清真之义，世世率由，无敢擅易。今/圣天子当阳，蒙豢养之恩，立回回译学之馆，课训本教字书，凡通都大邑各立寺宇，则回教之蕃衍亦极盛/矣。如易州城之西南隅，自明景泰间，旧有清真寺，修葺不知凡几。至乾隆甲申岁，掌教有太生马阿轰/者，学业渊博，襟怀豁达，欲设立大学，训迪四方学者。惜寺中栋宇摧残，门垣狭隘，慨然有重修之志，但/独立难成。因持文学李君募疏，协同乡老安定志，不惮勤劳，走都中及潞河湾卫，募化各郡教亲，共施/银若干。因令乡老白銃、李朝正等经营协办，量材庀工。然后两庑辉煌，门庭展阔，学堂客舍，焕然一新。教中之人，莫不欢欣鼓舞，同心向化，聆教诲于无穷也。孰意功成之后，不数□而太生弃世，幸赖王阿/轰能终其业。则太生与众乡老之笃信洁诚，辛勤刻苦，不可湮没而不彰也，是为记。

翰林院四译馆正教序班石城金天柱撰文并书丹。

大清乾隆肆拾玖年岁次甲辰孟秋月穀旦立。

三、安呈栋捐地碑

图 60　安呈栋捐地碑阳

清真寺是回族人士举行宗教活动、传播民族文化的重要场所，在回族群众中有着不可替代的地位，在易县以易州清真寺最为突出。民国《易县志稿》记载：（易县回民）在县城者居南城为多，有清真寺为回教公所，兼设小学。二区塘湖亦有清真寺，设小学专习回文。今释道寺观类多颓废，独清真寺在各地者皆修葺整洁。回教俱进会皆联络通声气，足见团结之巩固。并称“易县回民团体固结，以城内清真寺为总集地”。对于清真寺的建设维护和回族公益事业，回族人士各尽所能。易州清真寺的历次修葺，回族人士均“举乜贴”，助兴工程。位于清真寺路东的原回民小学，为民国初年城内贾氏将自己的财产捐出设立。

安呈栋捐地碑位于省心殿西檐下南侧，树立于清光绪三十一年（1905）。记载了安呈栋遵照母亲马氏的“口唤”，置买土地入清真寺的事情。碑身碑额一体，高 185 厘米，宽 60 厘米，厚 17 厘米，沉积岩材质，碑面斑驳，侧面层次清晰。

碑阳向东，碑额饰卷云纹，阳刻篆书“永垂不朽”，自右向左竖两行，行两字。碑文 14 行，自右向左竖排，一般行次满行 35 字。第七行“诰命”二字采用抬写格式，行文中“乾隆”“光绪”等采取行内退格形式。落款一行，立碑人署“安呈栋勒石”，未另署篆额书丹者，或为安呈栋自己书写。如图 60 所示。

碑文记载，安呈栋之母马氏的曾祖马驻于乾隆年间曾任都察院经历司经历，正六品官员。丈夫安瑞咸丰九年（1859）去世，孀居三十六年，光绪二十一年（1895）病故。逝前，因安呈栋“子嗣不旺”，嘱咐儿子“将所积青蚨悉入清真寺置买田园，所有生息烦屡任四掌教经理，以备尔父与母生死日之祭资”。从光绪二十一年至民国三年（1914）的二十年间，安氏先后置买园地二十五亩，委托清真寺管理，所得收入除用于父母生死日祭资和完纳钱粮之外，皆用于清真寺大学堂和圆经经礼。

碑阴纹饰与碑阳相同，碑额阴刻篆书“碑阴”二字，自右向左排列。碑文中记录了安呈栋父母的生死日期和安呈栋本人生日、所购入于清真寺土地的位置和四至、土地上的设施和附着物等。光绪年捐地之后，安呈栋又于“中华三年”，即1914年“许园地□□拾亩”，内容为后期补刻。如图61所示。

图61　安呈栋捐地碑阴

是碑行文简练，词韵典雅。青蚨，是类似蝉而稍大的一种昆虫，传说青蚨生子，母与子分离后必会聚回一处，人用青蚨母子血各涂在钱上，涂母血的钱或涂子血的钱用出后必会飞回，所以有“青蚨还钱”之说，因以“青蚨”称钱。

“苦守柏舟”一语，道出了安呈栋对母亲的敬仰。“柏舟”一典，出自《诗经·鄘风·柏舟》，诗前小序云：“《柏舟》，共姜自誓也。卫世子共伯蚤死，其妻守义，父母欲夺而嫁之，誓而弗许，故作是诗以绝之。”后因以此典指夫死矢志不嫁。安母在儿子9岁丧父的艰苦境况中，30多年独立持家，积蓄青蚨千吊，将儿子培养成为具有从九品职衔的人士。碑文之中安呈栋申明：“此地系呈栋先母积蓄所置，并非呈栋钱文，与安姓亲族人等绝不相干。”由于安呈栋未留后人，家族具体情况不可确知。

从碑文中所述使用推契、申明完纳钱粮的情况看，安氏置买入于清真寺的土地应属旗地或官地。清代，官地和旗地在法律上不允许任意买卖，用推契在名义上不是买卖，可以避免触犯法律。

据易州清真寺前任阿訇马恩轩向徐庆金等乡老介绍，所捐土地位于原南城墙外，今开元南大街两侧。日军侵华期间，将易县古城墙南北各拆毁一段，形成城豁，开通道路，占用了一部分所捐土地。新中国成立之后，城豁东侧的归乙街（今团结路居委会），称“九亩地”，后成为县交通局汽车队，现为新都精典小区，西侧的土地归路家庄村。

附：安呈栋捐地碑录文

碑阳：永垂不朽

盖闻水源木本，宜存追远之诚；春露秋霜，特动孝思之感。是以奉祭祀一典，固发于至性，出/自天真，在孝子慈孙，万不能自已者矣。乃有因家门偶替，致断馨香，或后嗣不贤，竟忘祭扫，/有识者伤之。独惜其祖父在世，何不早自为计也？而呈栋之先母则不然。当先母在世，/苦守柏舟三十余年，屡年积蓄青蚨，已及千吊。于光绪二十一年四月十八日，偶染沉疴，即/将呈栋唤至榻前，嘱曰：“母族亦系世家，原籍山东，母曾祖马驻，于乾隆年间曾任都察/院经历司经历，现有/诰命两轴可证。近因尔子嗣不旺，愿将所积青蚨悉入清真寺置买田园，所有生息烦屡任/四掌教经理，以备尔父与母生死日之祭资。请屡任以妈目自己择日开经，送经礼/钱五吊。仍烦屡任四掌教买羊一只，至圆经日期代请厨人，于是日备办菜蔬，请屡任/众掌教圆经，众乡老听经。下余钱文，有助力开大学堂钱十五吊；有烦屡任四掌教经/理租项，完纳钱粮，送茶资钱五吊。除完纳钱粮各处花费之外，再有赢余，皆作圆经经礼。”呜/呼，吾先母之豫为计者，曷深且远哉！而先母竟于是年五月二十四日辞世而逝矣。呈栋/恭承遗命，敢不竭力以经营。勒诸石碑，庶可永垂于不朽也。呈栋不孝，亦借此以报罔极/于万一云尔。谨将先父先母生死祭期载于碑阴。

光□三十一年月日，安呈栋勒石。

碑阴：

先父安瑞，生于道光六年五月二十一日/故于咸丰九年十月十三日

先母安门马氏，生于道光十年六月二十四日/故于光绪二十一年五月二十四日

从九品安呈栋，生于咸丰元年正月初六日

现置推契园地十亩，坐落南城外。东至杨姓，西至许姓，南至城壕，北至城根。地中有/大井一眼，东西平房四间，花果树木在内，傢器俱全。有推契可证，/又连段园地五亩。/此地系呈栋先母积蓄所置，并非呈栋钱文，与安姓亲族人等绝不相干。此地推契随清真寺文契一处。再者凡每年圆经经礼，呈栋跪请历代经事乡老为在/主上代为验看，则感念/至德于无既矣。呈栋又/中华三年又许园地□□拾亩，每年宅月过往经里伍吊。

四、寺内匾文题刻

清真寺礼拜殿门额上，悬挂“洞天福地”木匾一方和抱柱联一副，记载的是“庚子之变”中，清真寺与易县各族绅民共克时艰的历史事件。如图 62 所示。

图 62 “洞天福地”匾额

光绪二十六年（1900）9 月，八国联军中的德、意、日、英、法五国军队一路烧杀抢掳到易县，署理知州冯清泰和无良乡绅等在迎晖门跪迎洋兵。难民拖儿带女四处逃避，面临灾难。清真寺本是穆斯林礼拜的清静之地，教友进入有许多不便，但是面对

联军的追杀，易州清真寺阿訇马世元（1875—1949）挺身而出，破例开禁，在清真寺内搭起席棚，不分民族、宗教，让数千难民涌进寺院躲避，并施粥济民。阿訇的善举使数千百姓平安躲过了一劫，乡民无不深受感动。绅士朱兆丰（汉族，浙江绍兴人，传时任易州刑名师爷）及家小也在其中得以庇护。兵燹过后，各界为表谢意，由朱兆丰执笔，向清真寺赠送了对联一副："猝来五国雄兵，叹浩劫逼人，孰克拯救水火；幸托一方福地，乐善怀无我，同钦谊薄云天"，并赠送"洞天福地"匾额。匾文较为详细地记载了当时的情景：

庚子之变，洋兵来易，其不守约束者，不免肆扰，妇孺无所逃避。幸清真寺有隙地一方，经执事结芦覆庇，赡以糜粥，夜则支更，昼则环卫，旬余无稍懈。其尤难者人声鼎沸，恐被知觉，一堵之蔽，掌教诸君苦心劝止，甚至环拜跪泣，俾数千众保命全节，其功其德，甚莫大焉！不但身受者衔结图报，即局外人亦感德无极矣。丰寄居兹土，眷口亦得庇其间，故谨记其事，亦酬其德于万一云尔！

匾额和对联后来被毁，清真寺的宗教活动恢复后，得以复刻悬挂。联军之难后，人们还以"阖群绅商"的名义赠匾"易水桃园"。

易州清真寺与泊头、定州等清真寺并称华北八大名寺。在笃守伊斯兰仪规，传承优秀民族文化的同时，不排斥与其他优秀文化的相互借鉴和交流，不仅为国内回族群众所崇仰，而且在各族同胞和世界各地的穆斯林中享有很高声望。清代庚子年间，一些信仰伊斯兰教的国外官员曾来此寺礼拜，并在回国后予以宣扬。民国年间，国外友人曾多次前来参观，一些到中国经商的穆斯林也到寺礼拜。易州清真寺的建筑与传统的阿拉伯穹顶建筑有明显区别，为中国传统的合院形式，建筑装饰融入了丰富的中华传统文化元素。1934 年，陆军中将马英萃所题"三畏四勿"匾额悬挂在过厅门楣之上，如图 63 所示。匾文取自儒家经典，"三畏"即"畏天命、畏大人、畏圣人之言"，语出《论语·季氏》。"四勿"是孔子回答颜渊问仁时说出的，出自《论语·颜渊》，全句为"非礼勿视，非礼勿听，非礼勿言，非礼勿动"。题匾者马氏所拥有的二等宝光嘉禾勋章和二等文虎勋章为北洋政府颁发，当时的勋章有"大勋章""大绥宝光嘉禾章""嘉禾勋章""白鹰勋章""文虎勋章""勋表""陆海军奖章"，以及"功绩""学术""射击"等奖章。

新中国成立以后，易州清真寺得到了较好的保护，回族群众的民族宗教活动得到了保障。1993 年 7 月，该寺被列为河北省重点文物保护单位。1983 年以来，先后进行了大殿天沟维修、地堂板修复，大学院修复，水房、大门新建，南北讲堂挑顶维修等

图 63　“三畏四勿”匾额

一系列工程。树立于 1999 年、2006 年、2008 年的三通碑刻记载了主要工程概况。2016 年，县政府拨出专款，聘请保定大唐古建公司施工，对过厅挑顶大修。

重新奇峰顶娘娘庙碑简读

奇峰顶天仙娘娘庙位于易县文海村东奇峰岭山口，据知情人士介绍，遗有碑刻。为保护文物，2015 年 8 月 9 日，笔者与于正万老师陪同北京学者岑焰（笔名贵族）前往调查。

即将到达时，正万与文海村党支部书记王志国联系具体事宜，王志国告知：最近，叶诚顺携二子齐胜、齐贤捐资重建庙宇，今天早晨报告，清理场地时发现一通清代石碑。于是我们抱着急切的心情前往。到达山口附近，舍车步行里许，即达庙址。现场发现碑刻、柱础、构件、砖瓦等物，可见山门、台阶、殿宇迹象。

所遗碑刻建于清顺治四年（1647），文为《重新奇峰顶娘娘庙碑记》。是碑青石质，碑首与碑身分体。发现时碑首在庙宇西侧断崖下放置，高 25 厘米，宽 63 厘米，厚 15 厘米，饰如意灵芝云纹，阴刻篆书“重新奇峰顶娘娘庙碑记”，自右向左竖排 3 行，两侧每行 3 字，中间一行 4 字。碑身高 92 厘米，宽 60 厘米，厚 13 厘米，碑文楷书，竖行排列，其中碑题文字与碑首同，正文 10 行，满行 40 字，“天仙圣母”抬写。落款列名者 30 多人，涵盖多个职衔，历史信息丰富。

碑文记载，此庙供奉天仙圣母，相传灵佑显应。顺治三年，时任钦差整饬紫荆等关保定府地方兵备等职的辽左人李胤昌巡查紫荆关等处之后，来此谒见，发现“殿宇荒凉，庙貌莓苔”，于是倡捐修缮，管奇峰口事都司陈三策与当地善士共同商议谋划，获得广泛响应，佐工者云集，陈三策监工修复，不到一个月时间即告完成。陈三策刻碑铭记，李胤昌遂撰文以记，未另署书丹者，住持道士张守虚篆额。如图 64 所示。

庙宇所祀的天仙娘娘，是道教神话中一位重要的山神，全名“东岳泰山天仙玉女碧霞元君”，简称“碧霞元君”，乃五岳之一泰山的具象化女神。因为其象征泰山，因此又称“泰山娘娘”，称“泰山宫”的道观皆祀此神。娘娘是道教神话中对女神的尊称。

此碑建于清朝入关定鼎之初的顺治四年正月，因战事未息，新的典章制度尚未完

图 64 重新奇峰顶娘娘庙碑记

备，地方治理多用旧官。顺治初年的易州知州朱懋文即由明本州吏目留任升转，任内奏请设置官驿、禁止勾军、改制胖衣，对明朝的驿传、兵役、负担摊派制度进行改革。朱的前任蔺民孚于明崇祯十六年（1643）到任易州知州，顺治二年（1645）刊行《易水志》时，其职务为钦差总理保定等处粮储兼理屯田民运户部山西清吏司员外郎兼兵部职方司主事。表明当时尚多依明制，从建碑所涉人员的职务和地名称呼中，不难循见踪迹。

倡修庙宇并撰文为记的李胤昌所称辽左，为辽东别称，明代设有辽东都指挥使司。在他的一系列职衔中，山西提刑按察司佥事一职是确定他品级的实职。《明史·职官志四》记载："提刑按察使司，按察使一人，正三品；副使，正四品；佥事无定员。""副使、佥事，分道巡察，其兵备、提学、抚民、巡海、清军、驿传、水利、屯田、招练、监军，各专事置，并分员巡备京畿。"整饬兵备道，北直隶之道"寄衔于山西者，则为易州道，口北道，昌平道"。清初沿袭明制，李胤昌就是按照这一职责分工，负责保定府涉及紫荆等关兵备事务巡察并兼理马政驿传粮饷事务的正四品官员，工作在保定，编制在山西。

负责监工修理事宜并立石的陈三策，著籍潞阳，即今山西长治，时为奇峰口守将。所称"都司"，在明代是都指挥使司的简称，其首长都指挥使为正二品官员，其下有都指挥同知、都指挥佥事，分别为从二品和正三品。清代，"都司"成为绿营武官的一个具体职级，位于参将与游击之下，县府守备官之上，为正四品。明清之际，易州未设都指挥使司，称陈及张斗瑾等为“都司”，仍有明代军事体制的迹象，盖由于明代卫所隶属关系。卫所是明代的军户制度的管理形式，“都司掌一方之军政，各率其卫所以隶五府，而听于兵部”。卫指挥使司隶属都指挥使司，一般下辖三个千户所，明代茂山卫驻易州，隶属大宁都司，表明这些人都为都司所属，按照与李胤昌、陈三策的委托巡察关系推断，称他们为“都司”属于敬称，而非实职。

材官，是始于战国末期基于自耕农的一种兵役制度，明朝的卫所制与其性质相同，具体指武卒或供差遣的低级武官，直至清代仍沿用此称。清乾隆三年（1738），皇帝拜谒泰陵之后，奉太后去五台山瞻礼文殊菩萨，于易州道中得诗二十八韵，中有“健士盘神马，材官按俊鹰”之句。吏目，明清为从九品或不入流下级官员。守备，因职责而设，由相应人员充任，非实职品级。《明史·职官志五》称，总兵官、副总兵、守备等无品级、无定员，“自卫指挥以下其官多世袭，其军士亦父子相继，为一代定制”。

天仙娘娘庙所在奇峰岭口，外通大漠，内达中原，自古为军事要塞和商旅孔道。明代，设有奇峰岭总口，职司长城戍卫，并建有巡检司，负责地方治安并协助军队守关，至今桑园村奇峰口仍保有古长城，位于河边冲要处，原为城堡，现为居民点。修庙建碑人员中，“丁都司”或为隶属都司的丁姓军户，除丁应元外，还有曹文辅。其余如“材官”等亦多为当地人士。至今，奇岭外的桑园、曹格庄等村落中，丁姓、曹姓人士比例较高，桑园村的丁氏即于清末从曹格庄分家迁来，迁来之前，桑园就有丁家的土地。如今，曹格庄居民中，丁、曹两姓仍为人口大户，是否为当年守关军户之后，虽难有确切参照，其中关联亦不可忽视。

抗日战争时期，龙华县民兵基干大队队长张文海英勇牺牲在奇峰岭上的娘娘庙附近，岭下的小山庄“一间房”更名为文海村。

附：碑文

重新奇峰顶娘娘庙碑记

岭在易州西北四十里，山迤演壁削，若嶂若屏，若蜿蜒然。盖岭名以奇取，奇于峰也。道西出金水，又西近/紫荆，岩壑峻险，而官邮商橐，日不绝迹。岭上有殿宇，奉/天仙圣母。相传，灵佑显应，阴陟下民，无不切至。凡安土于此者，兵卫于此者，往来商旅于此者，累日而计，自创/建以来，众神之庥者，率皆啧啧称异，凡几千万人矣。丙戌七月，余以阅关之役，因俾词谒，见此殿宇荒凉，/庙貌莓苔，捐金计所以新之。守将陈都阃三策广余之念，因谋诸诸善士。未几，佐工者云集，不间月而告/成焉，都阃欲贞之石以垂永久。余闻土人奉祠维馨之意兴，夫所以徼惠于神之道，则不能无说。夫神者/，聪明正直而一者也。一则上下四方，总属一窍，叩之无不通也，无不应也，譬之人身四肢百骸，总属一心，/故触之无不觉也，无不知也。如是则宇宙之内，无不有也，无不为也，无有而有，无为而为，亦惟一之故也，/又何异焉！是故，人能一则精诚，精诚则玄通，玄通则风可以返日，可以回霜，可以忧大行，至坚之山可以/移也，君子弗以为异也。余亦谓土人奉祠维馨之意兴，所以侥应于神之道，惟一而已矣。遂登之石为记。

时

顺治四年岁次丁亥正月上浣吉旦。

钦差整饬紫荆等关保定府地方兵备兼理马政驿传粮饷山西提刑按察司佥事辽左李胤昌撰。

标下□军都司张斗瑾。

标下□丁都司丁应元、曹文辅。

标下听用都司卞世珍、庞国臣。

标下巡捕吏目罗光新、王国宾。

标下听用守备丁继宗、王应斗。

标下听用省察材官金坚、翁志浩、娄文炀、杭必达、王泽、张鼎、马继祯、张翰畿、张斗禧、白祈蕴、张三纲、张彪、毛羽健、耿之金、李永寿、杨茂春、李麟甲、张尔贵、葛之宦、武应文。

本道委管监工修理事宜管奇峰口事都司潞阳陈三策立石。

住持道士张守虚处篆。

易厂石匠张守印镌刻。

重修圣塔寺碑调查记

重修圣塔寺碑位于易县县城西南 2.5 公里的圣塔院旧址内。圣塔院塔又称荆轲塔，原是圣塔院（寺）的附属建筑，始建于辽乾统三年（1103），今塔为明万历六年（1578）重建，塔南侧有明万历十四年（1586）丙戌五月御史熊文熙题“古义士荆轲里”碑一通。清代康熙以后多有修葺。20 世纪 30 年代，圣塔寺的建筑尚有遗存。1986 年，河北省文物局拨款对塔进行了通体维修。2006 年，被列为全国重点文物保护单位。如图 65 所示。

图 65　圣塔院塔

《重修圣塔寺记》记录了清康熙六十年（1721）维修圣塔寺的大致过程，是见证圣塔院历史的重要实物资料。1933 年秋，著名学者傅增湘、周肇祥、江庸等人到荆轲山游览，傅氏在游记中写道：“前有大辽重修易州圣塔院记碑……旁有经幢无年号，审之或辽时旧物，别有康熙、道光二碑，皆重修塔记，文俗拙不可记。”尽管如此，这通碑刻仍然通过傅氏等人的游记为世人所知。此后不足百年间，“大辽重修易州圣塔院记碑”和道光年间重修塔碑等碑刻已经无存，“古义士荆轲里”碑下部文字全部受损。此碑亦不例外，由于自然风化和人为摩挲，碑文字迹越来越不易辨识，对其进行抢救性保护迫在眉睫。为保护文物，留存史料，2012 年 2 月 29 日，笔者与同事孙鑫、张佳明一起，对此碑刻进行了调查，并予录文。

《重修圣塔寺记》碑现树立于圣塔院塔东侧约7米处。其西侧有清乾隆十一年（1746）“义士荆轲”残碑一通，东侧存放一仰莲座和一座八棱经幢。《重修圣塔寺记》碑为青石质，双龙碑首，赑屃碑座。碑高260厘米，宽85厘米，厚20厘米。碑体保存大致完好，边沿多处破损，所幸暂未伤及文字。

图66 《重修圣塔寺记》碑额

碑阳额题“重修圣塔寺记”，竖排两行，行三字，楷书，如图66所示。下为碑文，碑文四周饰缠枝花卉纹。碑文较为简略，共计300余字，自右向左竖排，计16行，满行26字至32字不等，盖与碑身石料自然瑕疵部位未刊刻内容有关，除第八行“佛殿禅堂”采用抬写格式外，其他行次首尾亦有排列不齐整处。碑文首先介绍了荆轲山的环境地貌等基本情况——“东裾城闉、西屏紫塞、北朝洪崖、南莅易水”，并说“其巅不甚峨矗”。然后介绍历史变迁：此处曾经是荆轲居住的馆舍，所以叫荆轲山，山上现有寺院，寺院中有一座塔，埋藏着舍利。创建的时间久远，已经进行了多次修葺，是一个文人雅士游憩聚会的场所。碑文撰写者认为“寺与塔为山而设，为荆轲而设也”。对于维修工程，只是介绍了住持僧性善广泛募集善款，李富春、孙杰、李玉河、张云寔参与其事，修缮佛殿禅堂六间、山门及两侧厢房的情况。在碑文之末，称主持僧“不俗于禅”，意即不是普通的僧人，其不同之处在于，这位僧人当属文士之流，能够“独谆谆于荆轲山之寺”。

撰写碑文者列名者多人，首位为兵部候选守御所金珩。“守御所”作为职官的全称为“守御所千户”，清代为从五品武职。金珩的传记目前不见于史籍，但在《清实录》中曾提及：乾隆三年（1738），八旗参领金珩再次恳求准许驻防旗人就地参加科举，并提出先行考试“骑射”，合格后再参加当地科考，不至于使其专注文事而有害武备。但这一建议遭到乾隆帝“申斥”，乾隆说：“就近在外应试，不但事有难行，且必竞尚虚名，荒废骑射，殊失设立驻防之本意，背谬已极。金珩身为参领，乃煌煌圣谕，岂竟毫无见闻，而复混行渎奏，着严行申饬，并将此旨宣谕中外臣工，嗣后不得以此谬论再行妄渎。”嘉庆时期，金珩的建议得到清廷的认可。“嘉庆四年，湖南布政使通恩奏如金珩言，诏议行。应试童生，五六名取进一名，佐领约束之。训习清语、骑射，府学课文艺。”《清史稿》卷一百六对此亦有记载。“参领”为正三品武职，历经康、雍、乾三世，金珩由从五品升至正三品，当属于正常升迁。有些资料认为作者是曾任乾隆时翰林院四译馆正教序班金天柱，这一观点在时间上不合逻辑，因为立碑时间为康熙辛丑年，即1721年，而金天柱1736年出生。立碑的参与人员金齐寔及僧人性正、了玉未及了解。

碑阴装饰与碑阳相同，内容为捐资者地址和姓名，未一一抄录。为方便了解，兹将碑文附录于后，原文或有傅增湘所言“俗拙”之处，笔者能力所限，岂敢妄言。抄录错误及句读不当之处，请大家指正。

附：重修圣塔寺碑录文

恭闻

易郡荆轲山东視城闉、西屏紫塞、北朝洪崖、南莅易水。其岭不甚峨矗，而壮士/荆轲馆焉，是以名也。今其上有寺，寺中有浮图，用藏舍利。斯建创已久，/然修葺数行，以供骚人凭眺栖止，诗酒憩息所是。寺与塔为山而设，为/荆轲而设也，数年来不无颓败□□，而一时之能力任修葺者绝少。今/住持僧性善，广募诸檀越，剧白金，成圣事，而李富春、孙杰、李玉河、张云寔与其事，以/赞勷著成劳。前此，骚人之凭眺栖止诗酒憩息于此者，未免□荒凉叹；/而后此，骚人之凭眺栖止诗酒憩息于此者，又将为今昔感也。浮图一座、/佛殿禅堂陆楹、山门一、侧厢二，皆系信士李富春等……善之所缮。则此僧之/不俗于禅，而亦为文士之末流，焉未可知也，不然又□何其独谆谆于荆轲山/之寺也耶。爰述其始末而为之记。

兵部候选守御所金珩；

赐进士出身

御前侍卫管宗荐所金齐寔、师弟性正、徒侄了玉

拜撰。

时启

大清康熙岁次辛丑端阳月仲夏吉日榖旦。

图 67 《重修圣塔寺记》碑拓

武阳台善兴寺残碑遗文录

2013年8月5日上午，易县旅游文物局文物股全体人员到燕下都文物保管所参观学习，实地参观了老姆台、张公台、武阳台、西城墙，同时对部分文物点安全工作情况进行巡查。行至武阳台时，发现台顶存柱础石四块，残碑一通及残块一方。根据文字书体、排列间距、石质纹理及厚度判断，为同一碑石残块。

残碑青石质，宽约50厘米，高约150厘米，厚约25厘米，呈不规则长方形，左侧为人为凿损，断面整齐，碑面上下均残缺，碑首无存，上部沾有水泥砂浆，疑曾砌墙之用，下端约40厘米字面剥除，剥离深度约8厘米。残存300余字，虽有损坏，但大部分可以辨识，由于缺失较多，故难以连属。文字14行，右起书写，楷书。残石略呈梯形，与残碑石质及厚度相同，推断为碑的组成部分，上刻有李化成、刘克采、刘文进、李□成、邢清、刘荣、刘克明、崔进等人名，应当是当时捐资人士。

其后，残碑被村民复立于武阳台之巅，临近南侧断崖处。2018年10月30日，再往调查，以期采录碑阴内容。燕下都文物保管所董亚非、赵永利、隗今鸣、于世敬同往，并于风中拓取遗文。于碑阳之中较2013年多识别一行文字，碑阴为地名和人名，自右向左竖行，从上至下可见8排，碑面受损，文字漫漶严重，最下一排可见8行，人名仅存二字。实测残碑数据，高109厘米，宽48厘米，厚25厘米，字面剥损部分嵌入座中。2013年8月5日所见残石不知所踪，另有两方残石于残碑左右。其一，高85厘米，宽30厘米，厚25.5厘米，碑阳遗文8行，碑阴为村名和人名，上端残存两个“两”字，可能是记载捐银数额的痕迹，人名村名上下排列六排，自右向左。其二，残高61厘米，上宽27厘米，下宽21.5厘米，呈楔状，厚19厘米，与残碑剥损部分厚度相近，右侧齐整如故，左侧损毁，一面存有文字，另一面人为凿损剥离，所存文字为村名和人名，从上至下四排。虽损毁严重、缺失过多、难以拼对，但仍可根据所存文字和边缘迹象推断其大致位置：其一，碑阳左侧为建碑落款，且边缘整齐，于碑阳而言应为左下部；其二，以碑阴论，右侧边缘整齐，于碑阳而言，亦应位于左侧，下已有前石，故其在左上。

从遗存文字中可知，在武阳台旧址之上，原建有善兴寺，民国《易县志稿》331页记为兴善寺。此寺院大概建于唐天宝年间，明代曾经重修。到了清雍正年间，由于年久失修，“率多倾圮（圮）”，于是当地人士刘文福等人募集修葺。《易县志稿》记载，“旧有唐造像，今存其一”，而今只余残碑残石。碑文为本籍进士单钰撰写，虽然碑题撰文者仅存“单”字。但后遗文第七行中“征记于钰”可资判断。《易县志稿》等史籍记载，单钰，字亦声，易县人。清雍正五年（1727）中进士，即其所称丁未科，在第二甲进士出身的五十人中排第三十八名。后授浙江寿昌知县。任内兴利除弊，肃然称治。单钰善断疑案，以谳狱著称。曾审理金华卢姓案，悉心调查，仔细推敲，鞫明实情后，疏列十可疑，与上官相争，终如其议。不久，擢同知，升池州（治安徽贵池）知府，以疾乞归。单钰平素工吟咏，至老笔耕不辍，著有《镂冰诗钞》五卷。逝后，纪昀曾为之作序，称其诗“上溯三唐，下薄两宋”“挥洒自如，而神骨遒上”。另著有《读书偶见录》，藏于家。单钰之子单道临，号桂邨，乾隆年间举人，陕西洛南县知县，人称廉吏，丁父忧归里不仕，乾隆五十五年（1790）参加万寿千叟宴，诗有父风，著有《积翠山樵草》。

图 68　武阳台善兴寺碑拓

撰文者持释、道、儒三者宗旨相合的观点。文中不仅有“儒释”等字样，还对老子“无为”说作了叙述，并称皇帝英明天纵，“三教宗旨，洞彻源流，煌煌圣谕，炳若日星”，所以不能复置一词。“（佛）氏本西域之教，先儒尝疑之”之句，指唐代韩愈《谏迎佛骨表》。韩愈，字退之，生于唐代宗大历三年（768），卒于穆宗长庆四年（824），河南河阳（今河南省孟州市）人，祖籍郡望昌黎郡（今辽宁省义县），自称昌黎韩愈，世称韩昌黎，晚年任吏部侍郎，又称韩吏部。卒谥文，世称韩文公，是“唐宋八大家”之一，后世将其入祀文庙。唐宪宗元和十四年（819）正月，皇帝将释迦牟尼佛佛骨迎入了宫中供养三日，举国若狂，甚至有百姓烧指灼背而供养者。因谏阻天子迎佛骨耗费银钱，作《谏迎佛骨表》，称“伏以佛者，夷狄之一法耳”，并举例说明“佛不足信”。由于这次谏争，被贬为潮州（今广东省潮州市）刺史。前往潮州路上，来到蓝关时，大雪纷飞，韩愈见到侄孙韩湘，留下了“云横秦岭家何在，雪拥蓝关马不前”的千古名句。

根据碑文记载，当时武阳台“高可六丈许，周阔百余亩”，台上绿树交阴、清风回至。著名学者傅振伦是马衡教授所率燕下都考古团的重要成员，他在《七十年所见所闻·武阳台》中引用《太平寰宇记》的记载，“金台在易县东南三十里，燕昭王所造，置舍其上，以招贤士。又有西金台……在易县东南三十里……”，认为，按现在的情况考查，定兴县金台陈村的黄金台为东金台，易县东南的武阳台即西金台。同一文中记述，1930年他对武阳台进行了调查测量，当时，台高14米，占地120亩，与碑文所称“周围百余亩”一致。1957年，河北省文物管理委员会派人勘察，实测武阳台址高10米，台基南北130米，东西70米至140米不等，比起27年前已经缩减许多。而成稿于1937年的《易县志稿》的记载与傅公所记不同，《志稿》第258页记，“武阳台之高度十四公尺，面积十亩五分”，与现在的状况相近。数据差异可能是基址占地和实际高出地面部分的面积之差，两者属不同范围，但与康熙年百余亩相比，面积的确缩减许多。数年来燕下都遗址建筑台基保护的实践表明，树木根系对于台基的破坏甚大，碑文以“上有柏百余株”“榆柳对之”为一景，可见武阳台“瘦身”，除人为挖掘、雨水冲刷之外，寺院之中这些树木根系的影响亦不可轻视。

武阳台位于易县城东南，村以台名。其地为燕下都遗址的东城，周围分布着大型主体建筑和宫殿建筑组群，其北有望景台、张公台、老姆台，均坐落在一条中轴线上。附近有老爷庙台、朱家台、路家台及众多的地下夯土遗迹。

公元前221年，六国统一，燕下都毁弃。后来，在大的建筑台基上建设了庙宇，如老爷庙台、观音庙台，虽然庙宇已经无存，但其名称沿用至今。武阳台村民现在仍有人称武阳台为大寺，大概就是善兴寺的简称了。

因遗文难以连缀，仅于可断句处试施句读，可辨识文字分行照录，以资历史信息保存。

一、残碑录文

（一）碑阳（如图69所示）

第一行：［重］修武阳台善兴寺碑记

第二行：丁未科进士单……

第三行：丙午科副榜刘……

第四行：顺天府学增生刘兴……

第五行：武阳台西北距易城十五里，其地即《易志》所云故武阳城也。上有释迦佛正殿，儒释……

第六行：碑所载者，天宝最盛，有明重修而已。□□以来，岁时既久，率多倾圮（圮）。我

第七行：朝定鼎，万民乐业。居人刘文福等，遂大发愿力，募众兴工，落成之日，征记于钰，钰惟……

第八行：夐哉至矣，蔑以加矣。若老氏者，以无为为体，以无为而无不为为用，所著五千言……

第九行：□氏本西域之教，先儒尝疑之，然绎夫释典所云三昧四相之说，明心见性之旨，诚超力……

第十行：□者。况我

第十一行：□□明天纵，于三教宗旨，洞彻源流，煌煌圣谕，炳若日星，钰又何容更置一词哉。第……

第十二行：□□犹有一二可征其实者。计台之高可六丈许，周围百余亩，当夫春和景明，登台遥望……

第十三行：□□□也。俄而时鸟弄声，与梵呗之音迭相唱和，倾耳听之，不暇接也。斯时也，偃□其间……

第十四行：□□□□司令，溽暑酷人，而台之上，则又绿树交阴也，清风四至也。斯时与二三童冠……

第十五行：□□□□几窗高树□为羲皇上人乎□□□□□□□□□□□□□□有烟凝山紫……

（二）碑阴（如图 70 所示）

第一排：周花、张龙、□□龙、田起禄、张文公、娄进得、张文耀、张连、周文、刘文升、马二黑、田庆、王应奉、马亮、谷达。

第二排：种印成、种璧成、张珍、吴皂保、张钦；炼台村，王应孝、董夏、李进山、董秉荣、张孝、张宗仁、张秀。

第三排：尚□成、魏国龙、□元禄、和进邦、和进□、尚德、张昌邦、崔弌德；定兴县长安城，梁好成、张得、张铭、王君周、梁文礼、高辰、刘志道、梁谷、王承先、赵奉先。

第四排：□自正；郎井并庄，隗文学、□世来、崔有良、张保禄；北城村、张国

栋、马进忠、梁之彦、刘计成、梁富民。

第五排：□佳竹；易州城内，许进善、许建基；□州秋河村，胡士俊；南戒安村，□愷量；□□村，姚福寿、戴弘筱、赵十富、张昌；陈□□□，张□；固村，般尚德、刘守义。

第六排：（散存“东”“福亮”“李文才”3处文字。）

第七排：王得山、□应魁、□廷相、□中琅、李□隆；阮台村，安邦、刘兴基；固安城村，李宗顺。

第八排：（可见“福、郭世、涞水壬古寨、罗文、李国、刘、张、西官”等8组文字。）

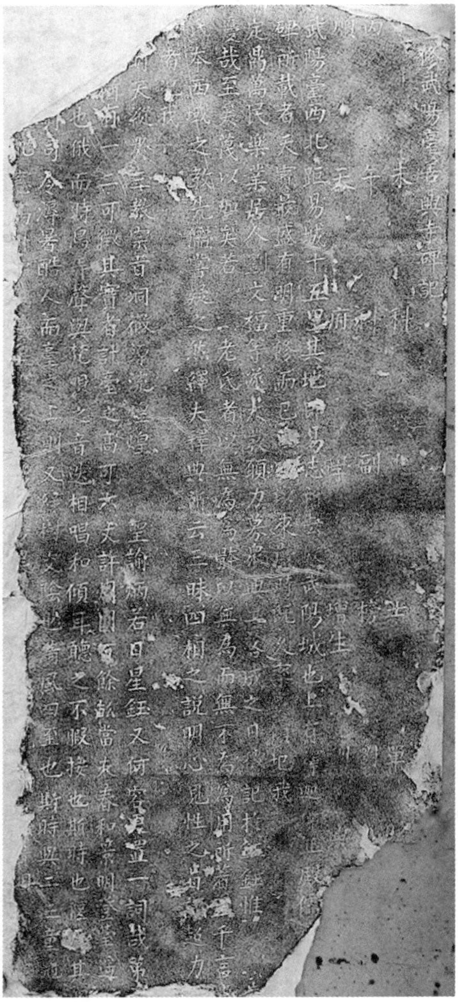

图69 碑阳

图70 碑阴

二、残石一(如图 71、72 所示)

(一) 碑阳

第一行：……游□旦，兴复不浅。至于北风其凉，雨雪其雱，银砂万里，□

第二行：……人矣不宁。惟是台之上，有柏百余株，小者耸然削拔，大者□

第三行：……榆柳对之，幽闲涵澹，沁心入脾，觉世间无物可以过之。此□

第四行：……月登临之意，即禅悦之机也。祇园林木，长者愿为佛营□

第五行：……生死之说，金碧辉煌之象，尤可以起瞻拜者庄敬之心，而

第六行：……从此兴也。又谓其因台以成此寺，而可自诩其兴作之善

第七行：……留吾易之胜迹于无穷也矣。爰是以因其请而为之记。

第八行：……［雍］正十一年岁在癸丑十一月穀旦，住持僧普光募修。

图 71　残石一之阳

图 72　残石一之阴

（二）碑阴

第一排：侯元辅、国进喜、刘增、□□仁、李达、张英、魏纲、张茂、张花、胡邦禄、崔进、□万良、□得花……

第二排：山南村：李遇禄、李遇隆、任应□、徐应文、刘孝、刘露。城庄村，杨芳惠、□成泰。□□□人等：郎井村……

第三排：高陌村：姚金梁、梁从德、崔明德、贾得旺、郭文举、刘冲、社运福、于志武、李得林、赵弘铸、梁国钦。北东村……

第四排：百福村：魏进宦、延永仰、焦魁、贾廷□。东于坻村：贾臣聪、张立朝、张贵、贾思忠、刘学德。众善人等……

第五排：山西［太原府］太谷县人氏：杨和春、李福深。山西汾［州府汾］阳县人氏：张学钊、杨俊。京都善……

第六排：……□守谟、宋守介、和鼎、和□、和宗、和绍珩、□起云。□章村……

图 73　残石二

三、残石二(如图 73 所示)

第一排：□里店：田之林、宋文、高汝成、张俊、张文兴、刘文煌、张国英、刘通。□高里村：张锦……

第二排：卓家庄人等：赵进福、丁自照、郭忠、韩忠孝、高进福、卓有仁、赵进官。辛庄头村：惠继孝……

第三排：北沈□：许汉□、许□□、陈□□、王□、许文和、许秀□、张建昌。□家庄：崔连登……

第四排：□北奇村人等：冯□柱、贺□祥、傅□悌、隗□林、白玉成、赵文魁、冀有得。血山村人等……

兴隆寺碑简述

兴隆寺碑现保存于易县梁格庄村宏生金属工艺品公司院内。刊刻于清乾隆六年(1731)九月，钦差总理工程钱粮事务国子监司业塞尔登撰文，未加署篆额书丹者，钦差协办总理工程钱粮事务头等轻车都尉兼户部郎中朝阳、钦差协办总理工程粮事务内务府郎中谟尔德与塞尔登同立。

是碑青石质，身首一体，通高 235 厘米，其中碑首高 80 厘米，碑身高 155 厘米；碑首宽、厚皆大于碑身，宽 81 厘米，厚 33 厘米；碑身宽 75 厘米，厚 27 厘米。碑首阳面浮雕双龙云纹，额阴刻篆书“兴隆寺碑记”，竖排三行，左右行两字，中间一“寺”字靠上端。两侧饰浮雕如意灵芝云纹。碑文正文自右向左竖排 13 行，一般行次满行 54 字，世宗、地师、天子、山陵、圣寿等采用抬写格式，万年吉地采用行内逊让 3 字方式。记时列名落款 5 行。如图 74 所示。

图 74　碑首部分

兴隆寺见于民国《易县志稿》记载，所载内容即援引碑文。本志第 331 页称：“兴隆寺，在县西二十余里大方社丁家庄，有碑载寺创自大辽，原名兴禅，至明正德九年重修，易名兴隆。清雍正间，择定陵寝地于泰宁山，凡在红桩以内寺观，例应迁徙。出内帑另建于风水墙之外，北百泉之东。”阅读碑文可知，迁徙之举始于雍正六年(1728)卜定万年吉地之时，寺院一年之后建成。新建寺院自弥勒殿至关圣殿，进深四层，钟鼓楼以及两群房宽度超过百步，另有龙神殿独立于左，僧舍一区安排于右。周围山水环绕，形势盘郁，屹然为近山巨刹。

撰文立碑者塞尔登，又书为赛尔登，字紫峰，满州旗人。康熙辛卯年（1711）举人，曾任光禄寺丞、侍讲学士，后降为工部郎中，其时奉钦差以国子监司业的身份，来易总理太平峪工程的钱粮事务。位于娄亭村百佛洼的白玉山龙门寺碑亦由其撰文。在易期间，留下《登峨磨山》《复登上方寺》等诗篇。峨磨山，即龙门寺所在，又称峨嵋山、白玉山、白脸山；上方寺，是太宁寺的别称，又称云盖寺、静觉寺、云上寺。

国子监司业为国子监的副长官，正六品衔，其长官为国子监祭酒，从四品。加级、纪录，是清代对官员的议叙（奖励）。纪录有三等：纪录一次、纪录二次、纪录三次。累加纪录四次，即可加一级。议叙加级食俸者，照所加之级支俸；加级给予升衔者，照所加之级晋升官职。所加之级可以抵销降级、罚俸等处分。塞尔登加二级纪录三次，表明他受到了纪录十一次的奖励。清代，各部院郎中为正五品，朝阳、谟尔德二人品级高于塞尔登，而在总理工程钱粮事务的工作中，处于协办地位，可见清代于职事委派不以品级为唯一标准。

寺院原所在丁家庄即今泰陵以西至太平峪之间，明清之际属大方社。清顺治二年（1645），大方社辖龙华店、西管头、北管头、东管头、伏哥庄、西下庄、朱哥庄、马哥庄、章哥庄、丁哥庄、吴哥庄、庄头村、东斜于村等 13 个村，民户 65 户，男 495 丁，女 435 口。选定陵址之后，大方社的大部分村庄外迁。龙华店即今大龙华一带，几个管头在今龙泉庄村域，其他村落未及访考。村名中“哥”字与今多用的“格”“各”，均属“家”字的音变，表意相同。

兴隆寺于百泉村东重建之后的近二百年，再罹迁徙之变。民国初年，袁氏北洋政府按照清皇室优待条款，续建光绪皇帝崇陵。1913 年，赵秉钧因宋教仁遇刺案受疑，被袁免去国务总理，改任直隶都督，负责督修崇陵工程。其间，赵氏喜欢寺院所在山水清佳，在寺侧选定了自己的墓茔，并以寺为祠堂，把寺院东迁到了行宫照壁山东麓。1914 年，赵秉钧过世，袁世凯手书挽联“弼时盛业追皋益，匡夏殊勋楙管萧”。1933 年长城抗战之后，东北军师长缪开源、黄显声率部屯兵易县，二人后来均是西安事变的支持和参与者。由于接近共产党，解放战争时期，黄显声被关押在重庆渣滓洞，新中国成立前被国民党杀害。黄部为骑兵师，师部就设在赵秉钧祠内，其时袁氏所书挽联尚在，作涞易之游的傅增湘、周肇祥等学界名流评价袁氏书法“笔力怪伟，殊不经见，其行草崛强遒茂，出于颜褚，过于所师，宜摹勒以传”。

兴隆寺再迁之后，仍未避免又复摧残之遭遇。寺毁之后，此碑被村人运下山，置于墙基，后拆墙改建，重见天日，被崔宏生发现，制止锤錾解裂之举，出资予以保护，现保存状况良好。

附：碑文

兴隆寺碑记

溯自妙相西来，因金人之入梦；微言东阐，感白马之驮经。诸佛有大慈普济之心，群生有尽仰归投之念。是以溥天遍地，无不信法□□无边；/四海八荒，亦尽知宗风之有自。崇奉非虚，皈依日广。不但通都大邑，固有精蓝；即至深谷穷岩，亦多名若。易州西去二十余里，驿路之北，大方/社丁家庄旧有兴隆寺。考厥始基，创自大辽，原名兴禅，数经兵燹，废积多年。至前明正德九年，为之重修，易名兴隆寺焉。自正德九年至雍正/年间，已二百十有余年矣，重修者又复摧残。适逢我/世宗宪皇帝于雍正六年，卜万年吉地于兹土，凡在红桩内之寺观村庄，例应迁徙。于是/命地师相度基形，出内帑另为建造。择于风水墙之外，北百全之东，汇水之区，平冈之上，鸠工庀材，大展宏规，阅岁经营，旋成梵宇。自弥勒殿以至关/圣殿，共计四层，层层入般若之门；自钟鼓楼以及两群房，岂止百步，步步登上乘之路。龙神之殿独立于左，僧舍一区安排于右。将见佛像增/辉，时有烟云焕彩；禅灯朗照，遥连日月争光。雕梁轮奂，绣桷纡回，金磬辉煌，宝幡璀璨。冈峦回合，西拱/山陵，形势郁盘，东临易水。泰宁高峙，巨马环流，集众水于山门，收落照于朱户，烟林相错，皋壤联绵，屹然为近山巨刹，诚哉并胜地兴隆。虽法王之感/应无穷，实/天子之主持是赖。暮鼓晨钟，保/金汤之永固；经声梵韵，祝/圣寿于无疆矣。于兹十载，始立贞珉，爰序始终，用垂永久。

时乾隆六年岁次辛酉九月望日，国子监司业塞尔登撰。

钦差协办总理工程钱粮事务头等轻车都尉兼户部郎中加三级朝阳、钦差总理工程钱粮事务国子监司业加二级纪录三次塞尔登、钦差协办总理工程钱粮事务内务府郎中加四级记录十二次谟尔德仝立。

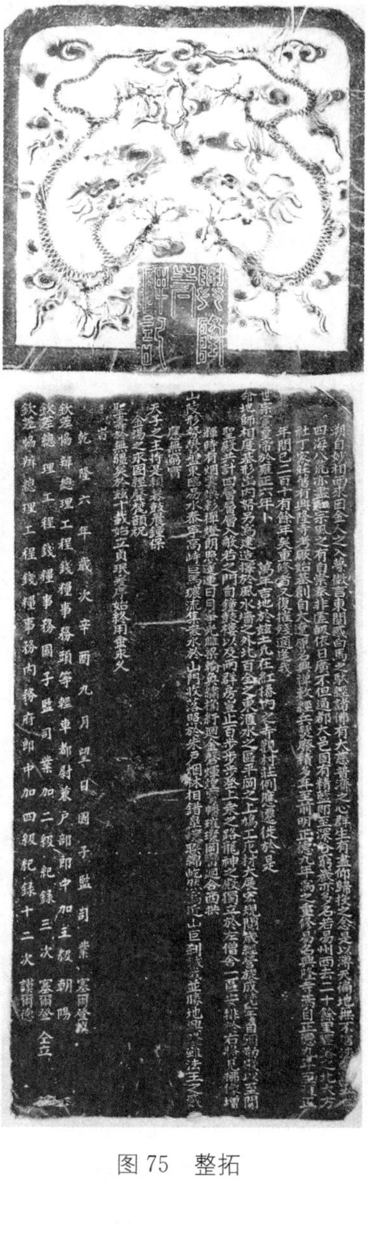

图 75　整拓

易州陈氏家祠碑及相关人物简述

易州陈氏家族是京畿地区的名门望族。明初，始祖陈得随燕王朱棣由江宁北上，以武功居易州。自明季以降，数百年诗书继世，十数代科第联芳，后嗣流布广泛，影响兼及海外，近代以来，尤以清光绪进士陈云诰为知名。

2000年，笔者到易县旅游文物部门工作，业师吴磬军教授耳提面命，希望借助地利，在陈氏家族传承谱系调查整理方面做一些工作。陈曾公等立家祠碑保存于易县博物馆，可资世系考证；清乾隆《直隶易州志》、民国《易县志稿》等地方史籍中，于其家族人物多有述及；笔者在陈氏裔亲陈永跃、陈世功等人帮助下，取得族谱复印本两册，于家族传续记述详明。根据上述资料，现谨就碑刻内容和所涉人物略作叙述。

陈氏家祠碑系根据陈圣谟遗嘱所立，碑文由其口述，树立于乾隆三十六年（1771）辛卯冬。碑为青石质，横匾状，横150厘米，竖80厘米，厚22厘米，碑文楷书，27行，满行16字，自右向左竖排，未署书写者名字。依碑文所载，其家族原居江宁，明永乐年间，始祖陈得迁居易州，后卜居主良村，至陈圣谟为第十代。陈圣谟为州庠生陈铨次子，陈嘉谟为其兄。其时，陈嘉谟居主良村，陈圣谟居易州城内五华台东侧。由于城内居舍没有建设家祠，感觉“城乡遥隔，欲于晨昏之际以展供养之忱，则有若杳然无所依恋者”，所以在五华台东北购地建祠，并对建筑形制、资金保证等做出了具体计划。但由于身体原因，未见工竣，所以口述意愿，由后世子孙完成。乾隆己丑年，陈圣谟年七十有一而卒，两年之后，家祠碑刊刻。除碑文述及的陈得、陈铨、陈嘉谟，以及口述碑文的陈圣谟等人外，具名建碑者为十一世孙曾师、曾公、曾尹，十二世孙元夔、元京、元首、元灏、元亮、元基、元亶等11人。

陈得为本文所述易州陈氏始祖，原籍江宁府句容县，即今江苏省句容市。明初武官，随燕王朱棣北上，镇守易州，逝后葬于城北三里山坳。至明末之际，传至七世州庠生（秀才）陈熺，熺生子陈堅，陈堅生三子陈镛、陈铨、陈铎。

陈铨为陈堅次子，陈嘉谟、陈圣谟之父。民国《易县志稿》所载陈圣谟传记中言其“好施济，出资购地，创义馆，设义仓，春贷秋还，以其息延师教乡党子弟，成名者相踵”。

陈嘉谟为陈铨长子，岁贡出身，曾任东光训导。为了自己和亲族子女的教育，托疾辞职归里，立社学，建义仓，风树乡里。育有四子，曾鲁、曾省乡试中举。

陈圣谟，字献可，陈铨次子，陈氏家祠的创建者。县学进学后不再事进取，专以课教子孙。后辈之中，产生了陈曾公、陈元爕、陈士凯、陈云诰四位进士，多位举贡庠生。

陈曾公，字郧齐，号立亭，陈圣谟之子。乾隆庚午年（1750）举人，登甲戌科（1754）明通榜。乾隆年间，在会试落卷内选文理明通的举人于正榜外续出一榜，名为“明通榜”，上榜之人称为“明通榜进士”，乾隆五十五年（1790）后罢止。陈曾公曾任南皮县教谕，山西汾阳县知县、介休县知县，乾隆、嘉庆两朝，先后两次参加万寿千叟宴。据《清实录·穆宗实录》记载，同治十一年十二月（1873 年初），应直隶总督李鸿章之请，皇帝批准入祀乡贤祠。

陈元京，陈曾公长子，乾隆癸卯（1783）举人，任职于湖北，历任枝江、咸丰、江夏等县，宜昌、德安、汉阳等府，后调首府武昌。殁于任所，人称廉吏。其子陈来愫（后更名士凯）为道光己丑科（1829）进士，主讲勺庭书院，后充咸安宫教习。

陈元爕，字理和，陈曾公次子，乾隆四十五年（1780）庚子科武进士，官至副将，曾随孙士毅出征安南，平定内乱，维护国家统一，有《安南军行纪略》等军事著作传世。陈元爕逝后，国史立传，入祀忠昭祠。

陈元基，陈圣谟之孙，未详其父，乾隆丁酉科（1777）武举。

碑文所涉其他人物现有资料没有述及，谱系整理需要更加深入的调查，故将陈氏家祠碑及民国《易县志稿》所载碑刻涉及人物传记录文于后，并尽己所能，试施句读，加以浅注，供诸参阅，聊为抛砖。力所不逮所致谬误，请方家不吝教正。

附 1：易州陈氏家祠碑录文

尝观源远者流长，根深者叶茂。士君子溯/所从来，其不动报本追远之思者鲜矣。顾/春露秋霜，随时以荐馨香，而陈尝设豆，无/地以妥神灵，非所以昭诚敬而答本源也。/则建立家祠，固子孙之急务，而其地之远/近亦不可不审。吾家先世江宁[①]，明永乐间，/始祖讳得公迁居易州主良村，至谟凡十/世，忠厚传家，耕读继业。先考讳铨，州庠生[②]，/生谟等兄弟两人。兄嘉谟居里舍，原任东/光司训[③]。谟居州城，亦食饩，登明经[④]，被先世/之遗泽，邀祖宗之余荫。春尝秋祭之时，恒/以家祠未立为歉。癸亥冬，待兄告休归里，/立志建祠，遂出祭田余赀而成之。每当祭/扫之期，兄处备祭，谟赴祠随祭，历有年所。/然谟犹以城乡遥隔，欲于晨昏之际，以展/供养之忱，则有若杳然无所依恋者。复欲/选材购地，自建家祠于候台[⑤]东北隅。堂之/广，楹四之，门如堂之楹，而高杀其四之一；砻石为檐除[⑥]，四周如矩，虚其中而甓之；矢/直砥平，无兴尘泥。将见时荐，升堂奠位，凝/肃顾瞻，群主若笑若语，孝弟之心油然可/生矣。复设祭田四十亩，以为春秋禴祀[⑦]之/资。其原设家祠祭田，命在乡诸侄辈就近/经理。此谟之志也。奈天不假我以年，志未/成而病已革[⑧]，儿辈倘能继吾之志而成其/事，即将予言勒诸石以垂永久，后世子孙/其永守勿替云。

十世孙圣谟谨叙。

乾隆辛卯[⑨]孟冬十一世孙曾师、曾公、曾尹率十二世孙元爕、元京、元高、元灏、元亮、元基、元亶建立。

图 76　陈氏家祠碑整拓

注释：

①江宁：今江苏南京地区。明初建都应天府，辖江宁县。后以江宁代称南京附近地区，南京今简称“宁”。

②庠生：明清时期，读书人经过本省各级考试，取入府、州、县学的，通称生员，因州县学称“庠”，故又称庠生，习惯上称为秀才。

③司训：明清时县学教谕的别称，亦称训导，掌文庙祭祀，教育所属生员。

④明经：选举官员的科目，始于汉武帝时期。隋炀帝时置明经、进士二科，以经义取者为明经，以诗赋取者为进士。宋改以经义论策试进士，明经始废。明清时期为

贡生的尊称。此处指通过考试进入县学。

⑤候台：又称五华台，位于易州城西北隅，为观测天象物候之所，传为周初所筑，现存台基。

⑥檐除：屋檐和台阶。

⑦禴祀：古代四季的祭祀为春祠夏禴秋尝冬烝。此为祭祀之意。

⑧革：音同“急”，病情危急之意。

⑨乾隆辛卯：即乾隆三十六年，公元1771年。

附2：方志所载易州陈氏人物传略

1. 陈堅，州庠生熺之子，生百日而孤，母郝氏抚育孩提，受书目数行下，年十六为郡诸生，清世祖定鼎[①]，圈近畿田宅赐诸勋戚[②]，夺陈氏产，家中落，菽水维艰。迨后虽有拨补之典，又远在蔚县，狡佃勒措，所得不敷往返之资，百计经营。始定入官代征，自是稍赡，卜居主良屯。堅善筹蓄，事母至孝，亲戚闾阎[③]有急难，多方周助。暇与屯中父老较桑麻、课阴晴，谈古今忠孝豪杰事引诱后辈。年八十终，闻者莫不出涕。后嗣繁昌，科第联芳，人咸以为节妇孝子之报云。(乾隆志)

2. 陈圣谟，字献可，祖堅自有传，父铨，好施济，出资购地，创义馆，设义仓，春贷秋还，以其息延师教乡党子弟，成名者相踵。君有至性，躬行孝弟。长兄嘉谟官东光训导，有疾，君盛暑往省视。交友以信义为本，挚友刘君亡，以子属君，君教养之如己子，后成名，侪辈以此尤敬服。君好读书，必究古人原委，书法宗米襄阳。年十九补弟子员，旋食饩，文名日上。后专以义方教子孙，不复事进取。时程莘田司空[④]负奖进后学重望，及门多高弟，尤称奖君子曾公，斯足征君之家教矣。乾隆己丑，年七十有一卒，遗言训子孙，闭户读书，承先睦族，勿骛荣利，洵无愧笃行君子也。

3. 陈嘉谟，岁贡生[⑤]，易之故家也，性豪爽，喜读书，友爱兄弟，兼好客。生四子，曾省、曾鲁登贤书[⑥]。谟任东光训导岁余，叹曰：“丈夫岂可久守寒毡[⑦]，使子弟失教乎!”遂托疾归，立社学，建义仓，俾村邻童稚咸知亲亲敬长之道，虽旱潦不轻去。其乡亲朋有事，必率诸弟子亲到。德望愈进，持躬愈逊，风树乡里。当事者颜其居曰“太丘世德”。(乾隆志)

4. 陈曾公，字郧齐，号立亭，堅曾孙，圣谟子，乾隆庚午举人[⑧]，登甲戌科明通榜[⑨]，任南皮县教谕，振兴文教。值县大水，奉檄救灾，事竣，总督方观承荐擢山西汾阳县知县，迁知介休县知县，惩土豪郝某，重士兴文亲老，去官攀辕送者数十里。与乾隆己巳、嘉庆丙辰万寿[⑩]两次千叟宴盛典，赐御制诗[⑪]。两金川平，献大功告成赋，词义甚美。所居近五华台，因署曰“五华书屋”，吟哦其中，著有竹亭诗稿，书仿鲁公、元章[12]，书法云林均可传世。卒年七十八，入祀乡贤。子元京，举人，元爕，武进士，别有传。（畿辅志。按：明通榜为礼部试进士榜之副车，如举人之副贡，清初有之）

5. 陈元京，曾公子，性笃厚。乾隆癸卯举人，以誊录议叙[13]知县，历任湖北枝江、咸丰等县，兴利除弊，不事敲朴，讼狱衰息。调江夏，江夏剧邑，号难治，抚绥安辑，表章文化，成百年未修之志，转武黄同知[14]。嘉庆初，值钟祥教匪滋事，调赴军营筹划储胥[15]者四载，未尝有误，擢知府。历任宜昌、德安、汉阳。汉阳繁富，各属应童子试者辄千余人，苦难获隽，每以多金求列前茅，元京必严拒之，曰："我有子孙读书，安可为此!"善听断，省有疑狱[16]，大吏必委之。其所定谳，两造皆心折也。调武昌首府，虚己爱才，每乐引拔属吏。及殁于任，无以为家，咸称廉吏焉。

6. 陈元爕，曾公子，好读书，乾隆庚子武进士，授广西守备[17]，积功至游击[18]。随总督孙士毅[19]出征安南[20]，为前队。过分茅岭[21]，前阻大江，所至争先，直抵贼巢外之富良江，复黎京[22]。因贼情反覆，随士毅回镇南关[23]，且战且走，七昼夜行三千余里，寻擢参将[24]。乾隆六十年，湖南苗匪石柳邓作乱，随福康安出征，率兵三千为前敌。苗地山路崎岖，多用步战，身先士卒，摧坚捣险，战无不克。苗疆已定，复随剿贵州南笼狆苗，路经广西任所不入，星驰入军，克复册亨，擢副将[25]。又随军攻破洞洒、当丈贼穴，获苗首王囊仙七绺须等。嗣染瘴，殁西笼营，次入忠昭祠。著有"军行纪略"四卷，国史有传。（畿辅志）

（录自民国《易县志稿》）

注释：

①清世祖定鼎：指清世祖顺治皇帝定都北京。鼎在古代为传国重器，置于国都，故称定都为定鼎。

②圈近畿田宅赐诸勋戚：清初，圈占京城附近地区的田地住宅，赏赐建立清朝的有功人员和满族亲贵。俗称"跑马占地"。

③闾阎：本意为里巷的门，此代指民间邻里。

④程莘田司空：指乾隆年间工部尚书程景伊，莘田为其号。司空，古代官名，西周始置，位列三公，掌水利营建事。汉代以后多作为权臣加官，为崇高的虚衔，元以后废，后习惯以司空尊称工部尚书。

⑤岁贡生：清制，每年或两三年从府州县中考选一等前列生员，升入京师国子监读书，称为岁贡生，俗称"明经"。

⑥登贤书：即中举。乡试（省试）考中，榜上有名，称为登贤书。

⑦寒毡：形容寒士清苦的生活，亦指清苦的读书人。

⑧举人：乡试上榜者。乡试又称省试，每三年一次在各省省城举行。

⑨明通榜：即进士副榜。各省举人赴京会试，在落卷内选文理明通的，补授出缺的学官。因于正榜之外另出一榜，称明通榜。人们称上榜者为“明通进士”。

⑩万寿：皇帝的生日。

⑪御制诗：皇帝撰写的诗。

⑫鲁公、元章：鲁公，即唐代书法家颜真卿，封鲁郡公，世称颜鲁公；元章，宋代书法家米芾，字元章。

⑬誊录议叙：誊录，职官名，系从会试未考中的举人中，挑选能书者充任，备各馆誊写；议叙，清制，由保举任用的官员，称为议叙。

⑭同知：清代为知府、知州的辅助官员，分管督粮、江防、水利等事务。

⑮储胥：指木栅栏藩篱之类，作为守卫距障之用。

⑯疑狱：难以判明的案件。

⑰守备：清朝武官名，管理军队总务、军饷、军粮，正五品官。该官职受各省提督、巡抚或总兵管辖。

⑱游击：游击将军的简称，汉初设置。清代为从三品武职，次于参将一级。

⑲孙士毅，字智冶，一字补山，浙江仁和县（今杭州市余杭区）人，乾隆进士。乾隆五十三年（1788）率军参与安南之役，出谋定策，指挥得当。卒谥“文靖”。

⑳安南：今越南，时为清朝藩属。

㉑分茅岭：即十万大山，位于广西东南部，山顶产茅，草头南北异向，因此得名。

㉒黎京：今越南河内。

㉓镇南关：今友谊关，位于广西省凭祥市南。早在两千多年前，汉朝就在此设关，初名雍鸡关，后改名界首关、大南关，明改称镇南关。1953年改称睦南关。1965年，中国援助越南抗美，人员物资多经此，遂改称友谊关，陈毅元帅题写关名。

㉔参将：清朝参将为各营长官，正三品，位次副将，掌理本营军务，分省建置，其主要任务是镇戍地方。

㉕副将：清代武官名，由明制之副总兵而改称，从二品衔，位次于总兵。统理一协（约几千人）军务，又称协镇，别称协台。

重修观音殿碑述略

易县文物保管所现存清道光二十年（1840）重修观音殿碑一通，记载了道光年间，绅民募资重修梁格庄观音殿的事情梗概。此碑为青石质，高 219 厘米，宽 70 厘米，厚 18 厘米。碑首浮雕二龙戏珠，如图 77 所示。碑身除顶部和底部外，四面刻有文字。

碑阳刻有《重修观音殿碑记》，碑首阴刻篆书“万古流芳”。碑文四周浮雕草龙纹，雕刻精细，右侧边沿磕碰损坏高 30 厘米，宽约 10 厘米，幸未伤及正文。碑文竖排 18 行，其中标题 1 行，落款 3 行，正文 14 行，均楷书。满行一般 48 字，只“万年吉地”一行因抬写为 51 字。

图 77　碑首

碑文记载，梁格庄观音殿的始建年代已不可考，雍正八年（1730），在此卜定万年吉地，有八旗和绿营驻防，龙门寺僧德性修缮观音殿，并在殿外设立茶棚。百余年后，“瓦渐凋零，栋将摧折，莲台惟凭月照，宝相只借云封”，当地绅民再行修复，“又自龙门寺请来大小钟二口”。观音殿的两次修缮，都与龙门寺有直接联系，可见龙门寺在当地的影响之大。

龙门寺位于娄亭村峨嵋寺沟西北方向 2.5 公里处。民国初年，这里因发现了雕塑精美的三彩罗汉像而名闻世界。据易县文物保管所原所长张洪印《易县娄亭龙门寺睒子洞调查记》记载，1997 年，易县文物保管所在离寺院遗址 50 米处的一户民居石碾旁发现石碑一通，即白玉山龙门寺碑。据碑文所记：易州西北的峨磨山、峨嵋山，至清乾隆年间改为白玉山，峨嵋寺也改为龙门寺。寺创始于宋、元间，明嘉靖年间进行过重修。至清雍正八年，在易县永宁山下选中了皇陵陵址，娄亭白玉山之前 15 公里也圈入了红桩之内，故陵区内的所有寺观奉旨官修。碑文记载了清乾隆年间重修龙门寺的经过，此碑为钦差总理太平峪工程钱粮事务国子监司业赛尔登撰文。碑文中称：“（乾隆）六年，长□寺僧，号天云者，踵门求记。”《易县志稿》333 页记载：“峨嵋寺，在娄亭社娄亭沟北、官道岭之东，寺中旧有佛像七十二尊，皆瓷制。后为邦人盗去，售诸国外，今在英伦者有三，彼邦人士以为唐三彩云。”

由于这些罗汉像知道下落的只有十余尊，便有了“龙门寺僧人为躲避法难，将佛像藏入山洞，封闭洞口”传说，甚至有人拿出所谓“藏宝图”，引起了无数人的好奇和猜想。但从以上资料不难判断，当时龙门寺的各项活动开展正常，“法难”一说没有可信依据。

重修观音殿碑的碑阴和碑身两侧刻载捐资者姓名或商号，均小楷，字体约 2 厘米。列名者有苏勒通阿、德楞珠、伊勒兴阿、荣春、宿景泰、潘宫班、天盛号等，捐资数目一百五十至一吊五百不等，荣门张氏较多，为一百六十八吊五百。由于捐资者众多，难以逐一列名。因不能翻转，亦不能拓取。

为就教于方家，兹将碑文恭录于后，抄录句读不当之处，请予指正。

附：碑文

重修观音殿碑记

缅自佛氏以度世为心，菩萨以普济众生为念，是菩萨者所以广佛教也。顾菩萨众多，而惟观世音为广大灵感，盖其现法身/于千亿万亿，无在不渡以慈航，极世界之三千大千，尽人而离夫苦海。经所云“能除一切苦”，真实不虚，即此义也。夫以观世音/之思闻妙湛，人我两忘，岂可以色相见。特以群愚惑惑，不假庙貌以肃观瞻，奚惕人心而生儆畏。兹易郡西北十五里，有村曰/梁各庄，旧有/观音大士大殿三间，文殊、普贤菩萨配焉，其创建之时远不可考。及雍正八年，永宁山之阳卜作/万年吉地，建八旗驻防于其左，设绿营护卫于其右，冠盖往来，络绎不绝，而庙前实为通衢。时有龙门寺僧德性者，募赀重修，更设茶/棚于殿外，推其意，盖体菩萨普济之心，以济行人之渴。而饮于斯者，心悦神怡，亦莫不归功菩萨，以为是嘘以春风，渥以甘露/也。迄今百余年来，瓦渐凋零，栋将摧折，莲台惟凭月照，宝相只借云封。此在他乡过客见之，无不兴嗟，况世居此土，有不触目/警心者乎。维时本村乐善者欲为重修，商于众，佥曰善，各捐赀若干，并外募布施若干，鸠工庀（庀）材，董成其事。于是栋宇修洁，璎/鬘庄严，碧瓦琉璃，不减当年之壮丽，金身闪烁，无殊昔日之辉光。至于殿前之关帝庙，殿左之玉皇殿、娘娘宫，以及山门、禅室，/亦皆一一补修，恍如新构。又自龙门寺请来大小钟二口，悬之殿前，以警朝夕。噫嘻，以此浩大之功，不日而成，是果谁之功欤？/后之人有入斯庙而仰钦圣像者，当知菩萨之圣德如天，浩浩荡荡，其感应之速与神化之妙，诚有令人不可思议者矣。工告/竣，同事者请泐（勒）诸贞珉，余不揣，遂以志之。

图78 碑拓

岁贡郭璋撰，童生周瑞书，匠人李成龙镌。

大清道光二十年岁次庚子季夏日穀旦。

管事人：李济、郭璋、王珍、荣瑞、荣振先、王自宽、刘天德、张应福、郭涌、僧清贞。

潘世荣墓与“白杨潘”世系考略

“白杨潘”是对南白羊村潘姓家族的通称，笔者即家族成员。南白羊村位于易县县城西北10公里处，村民以潘姓为主。2001年在该村发现的“瓮棺”表明，在春秋战国时期，这里已经成为聚落。《大唐易州铁像碑颂并序》记载，唐开元年间，易州刺史卢晖“开北山通车道三所，曰官座岭、白杨谷、峨院”，今天所称白羊即由此演变而来。易县流井乡建新村六门堂所遗金代凌虚观碑已经出现“白羊”村名。弘治《易州志》记载：“白杨岭，昔人盛植杨木，故名。今呼白羊误”。民国《易县志稿》记载，民国二十三年（1934），南白羊全村66户，509口人。这个村子曾经因为演出《潘杨讼》，与邻村发生争执，县委书记石双琪亲自前往调节，才得以平息。多年之后，人们对于“白杨潘”与戏剧人物潘仁美、历史人物潘美的关系仍然很感兴趣，不时有人询问。值此“潘氏茔记碑”树立150周年之际，笔者依据碑文所载，结合历史资料，对白杨潘世系略作考证，以示对先人纪念，并就教于方家。

图79　碑阴现状

一、潘姓起源

关于潘姓起源，各地潘氏倾向于出自姚姓、

姬姓、芈姓和外族改姓四源者居多，并于清代张澍《姓氏寻源》和当代刘魁立、张旭主编《中国姓氏》中可循见论证依据。

第一支源出姚姓。舜由于生于姚墟即姓姚。姚墟在今河南濮阳西的濮城镇，近山东鄄城。姚墟盛产桃，姚人以桃树为图腾，姚以兆为姓，兆即占卜时以火炙龟甲产生裂痕如象形兆字。舜擅长占卜，故以姚为姓。舜建都潘，古城大约在今北京市延庆区东北。后来舜部落南迁于山西永济，潘地也移到今陕西兴平北，接近古毕国之地。在商朝时，舜的后裔在潘地建立了潘子国，直到商朝末被周文王所并，子孙以国为氏。姚姓潘氏的历史将近四千年。

第二支源自姬姓。商末周文王灭姚姓潘国，把潘地封予其子毕公高之季子季孙（亦作季伯），是为姬姓潘国。潘人随后东迁到河南洛阳东的潘城，再东迁到河南商丘西北之潘侯集，最后南迁到接近楚国的潘乡，即今河南固始。春秋时为楚国所吞并。姬姓潘氏的历史至少有三千多年。正是由于这个原因，潘姓多以固始为发源地。

第三支源自芈（mǐ）姓。春秋时楚国占领潘国，成为楚国一邑，子孙以邑为氏。一说楚国潘姓是以字为氏，楚成王时太子商臣之师潘崇为芈姓潘氏之始祖，潘为其字。其子潘尪（wāng），其孙潘党均为楚国大夫。芈姓潘氏是组成潘姓人群的最重要成分，当代潘姓多认潘崇为本族之始祖。《姓氏寻源》上说：“楚公族芈姓之后，以字为氏，潘崇是也。”这一支潘氏，是颛顼帝高阳氏的后代，发源地大致在今安徽、江苏和浙江一带。本族始于安徽，迁于高阳，其中与潘崇一支似有渊源可溯。

分别发源于南方和北方的两支潘氏，姓源虽然看起来有所不同，但认真推溯起来，根本都是黄帝轩辕氏的后代。因为，周文王固然是黄帝的姬姓嫡裔，而楚国所出的芈姓则是传自黄帝之孙颛顼，在血统方面实际上同出一源，没有太大的分别。而外族改姓则在历史上多有发生。

二、“白杨潘”世绪

南白羊村北潘氏祖茔中的潘世荣墓是第二次全国文物普查时登录的不可移动文物，“潘氏茔记碑”记载了“白杨潘”祖籍及迁徙过程。此碑为潘世荣的墓碑，原有碑楼，坐北朝南，后碑楼损毁，碑亦被推倒。碑为青石质，高200厘米，宽80厘米，厚23厘米，碑体保存基本完好，但碑阴所刻世绪多有漫漶。

碑阳主要记载墓主人、立碑人、立碑时间等内容。额饰二龙戏珠及卷云纹，两侧饰卷草纹，下饰水波纹。额题“山环水曲”，竖排两行，行两字，自右向左，阳刻隶书。碑文自右向左，分三部分刻写，楷书：

同治元年岁次壬戌仲夏榖旦。

皇清例赠修职郎显祖考讳世荣府君、孺人显祖妣张太君之墓。

奉祀孙潘宫锦等立。

清代修职郎为正八品文官散阶，清晚期经常赠予热心公益、有一定威望的人士，也常以子孙职衔貤封故去的先人。孺人是对七品以下官员之母或妻子的称呼。获赠修职郎官阶的潘世荣是潘氏从高阳县迁居至此的第三代。据碑阴家族世绪记载，宫字辈为第四代。领衔立碑人“奉祀孙潘宫锦”为岁贡生。明清时，每年或每两三年从各府、州、县学中选送生员升入国子监就读，称为岁贡。岁贡生经过翰林院考试，合格者多授予州县教谕、训导教职。县训导为从八品，有时加正八品修职郎衔，但潘宫锦不见于县志等相关记载。潘世荣受到皇家封赠，碑文中未曾述及原因。乡耆族人传说，是因为修建西陵的某座陵寝报效而得，白杨潘氏族人中，潘宫班、潘彩之等先后在西陵承差，潘彩之拥有过逊清皇室颁赐的“万岁牌”，故此说应有由然。

图 80　碑阳

碑阴记录了潘氏祖茔的位置、朝向和营建年代，同时记录了自潘世荣以下的传承谱系，文字皆为楷书。碑额饰卷云纹，两侧饰几何纹，下部饰水波纹。额题“潘氏茔记”，竖排两行，行两字，阴刻楷书，自右向左。

图 81 局部文字

碑文自右向左竖排，共 5 行，前三行字体较大，满行 30 字，第三行下端从“其”字开始，字体明显变小，第四行 47 字。文曰：

余潘氏之居易水城北南白杨村，肇于□。五世祖讳世荣公，建茔于村之北偏/乾，亥龙入首，壬山丙向，辛巳辛□分金。迨于今二百余年矣，未及表扬，兹叙厥/原委，而识于碑之阴。俯思先茔之建，所以妥先灵，亦以绵后嗣也。其□并未题明，/绪始自江南凤阳府城内人氏，迁居高阳县居住。七世祖讳进贤，六世祖讳龙，又移居易水白杨社二甲人氏。并将世纪□/列于后。

后为四至七世孙名字。列名者，四世孙 21 人，为“宫”字辈，名字为“金”字旁和“玉”字旁，用字十分讲究。其中庠生一名宫琳，岁贡一名宫锦，其他可辨识名字者有宫琦、宫玮、宫璠、宫録、宫珩、宫琿、宫璧、宫珮、宫玺、宫璿、宫铭、宫瓒、宫璇、宫璞、宫琮、宫钰。五世孙 20 人，为“德”字辈，其中庠生一名德泰，廪生一人德愔，其他可辨识名字者有德亨、德华、德茂、德基、德如、德谦、德庄、德治、德泰、德正、德乾、德昆、德雨、德贵、德芳。六世孙 20 人，多排“鸿”“连”，亦有造儿等以乳名列入者，可识辨名字者有鸿业、鸿祥、鸿瑞、鸿英、鸿川、连山、连登、连瑞、炳昕、吉林、奎林、连魁、造儿、椿儿等 14 人。七世孙 5 人：五十、叩显、廷俊、玉和、泽实，未排序字。尾题“四世孙宫铭、宫琮、宫钤，五世孙德如、德秩监修”。

按碑描述，潘氏祖茔位于当时南白羊村北偏西，取西北方向山脉为靠山，首枕西北，朝向东南。从列名人员和监修人员可以推断，立碑时因潘宫锦具有岁贡功名，得以具名立碑。其时，五世孙“德”字辈开始在家族主事，六世孙大部分还很年幼，只有少数家庭诞生了七世孙。为潘世荣立碑的时间是同治元年，即 1862 年。据碑文记载，潘世荣为潘进贤三世孙，建茔在立碑的二百余年以前，应该是为安葬潘进贤而建。从碑文记载可知，“白杨潘”先由安徽凤阳迁居到高阳县，然后潘进贤一支由高阳县迁居到易县城北白杨社南白杨村，迁居的时间大约在明末或清初。按照记载的谱系计算，从潘进贤至笔者“新（树、桂）”字辈为第十代，现“新”字辈以下已有三代，即从潘进贤迁居至此，已经繁衍到第十三代。民国初年，另有一支潘姓从涞水石亭搬来同住，为七甲人氏，现在“白杨潘”健在的有七代人，辈分最高者为这一支中的“怀”字辈成员，许多小辈只得一概以“祖”称之。如今，潘姓人不仅成为南白羊村的主体，并且流布到附近的全山庄以及涞水冰上、涿鹿大河南等地，因工作原因在外定居者更不在少数。

除碑文记载之外，家族中还流传着许多口头历史资料：当年“白杨潘”始祖潘进贤因遭遇灾荒，生活所迫，携妻魏氏，肩担二子潘龙、潘虎逃难来到易州城北。当时这里人烟稀少，十分荒僻。清顺治二年（1645）纂就之《易水志》卷中第四十五页记载，其时白羊社辖16个村，仅62户，619人，南白羊村属其中。在此定居几年之后，二子娶妻生子。一次潘虎到离村不足五里的二翅岭打猎，不幸被豹活活吃掉。幸好被人拣回一条腿来，埋葬于祖坟下侧，这样分为了两支。笔者为潘虎一支，贫民后代，与《宋史》中的潘元帅、《潘杨讼》里的潘太师都难有瓜葛。

因立碑者为潘龙后裔，故笔者一支不在碑列谱系之中，但先人字辈与潘龙一系大致统一。“连”字后辈行字依次为“孝”“福”；“福”后主要用“振”“胜”“凤”行字，“振”字后人多行“新”，笔者即此系；“胜”字后人多行“树”，“凤”字后人多行“桂”。“鸿”字后辈行字依次为“顺”“吉”“明”，其“吉”字辈者，也有人从“福”。

“白杨潘”原有同高阳潘姓接茬对口的族谱，民国初年，潘鸿基的后人潘金山、潘文利等人相继去涿鹿县大河南镇一带谋生，并将族谱带走。20世纪30年代以前，“白杨潘”与高阳老家仍有联系，一次出售坟产树木时，潘洛恒代表“白杨潘”参加，由于没有族谱证明传承关系，未能获得坟产收益，此后联系逐渐中断。经向高阳县文物部门了解，20世纪90年代进行第二次全国文物普查时，高阳县潘氏家族墓登记为不可移动文物，现已没有迹象，第三次文物普查未见登录。

2006年，家严潘振稳通过多种途径，与涿鹿县大河南镇的“白杨潘”后裔取得联系，得知潘金山、潘文利的后人分别是福合、福顺和福旺等，现居住在大河南镇黄金坎、陈家台两村，时任陈家台村党支部书记潘秀文是潘福旺之孙。据黄金坎村潘士平（与潘秀文平辈）介绍，以前确有族谱，长达3米，从房檐一垂到地，可惜被毁。

三、关于潘仁美和潘美

20世纪60年代初，易县剧团来到白羊下乡演出，根据东白羊和西白羊两村的要求，决定演出《潘杨讼》，南白羊的潘姓村民坚决阻止，因此发生争执。为平息争端，时任县委书记石双琪亲自到场，并到潘氏祖茔详查碑文，向村民解释：潘进贤不是潘仁美，宋代有潘美其人，但也不是潘仁美，舞台形象不是历史人物。同时对潘姓村民的要求表示理解和尊重，与剧团协商，更改了剧目。改革开放后，刘兰芳的评书《杨家将》再次引发人们对潘仁美的一致恶评，并将其与历史人物潘美相混淆，时常有相识之人戏称“白杨潘”为“奸臣之后”。

对于潘美，《宋史·潘美传》用一千多字的篇幅予以记载。潘美，字仲询，著籍大名。父亲潘璘，以军校戍常山。从后周开始，潘美就担任高官，深得柴荣、赵匡胤的信任。赵氏建宋之初，即受征伐之托，有平岭表、定江南、征太原、镇北门之大功。太平兴国三年（978）加开府仪同三司。四年封代国公。八年，改忠武军节度，进封韩国公。雍熙三年（986），与曹彬北伐，美独拔寰、朔、云、应等州。三月，败契丹于固安，破涿州。五月，战于岐沟关，屯易州，临易水而营。后来辽兵突至，战于陈家谷口，由于王侁、刘文裕不服从潘美的统一指挥，接应不济，使骁将杨业战死。潘美负将帅失合，指挥不力之责，削秩三等。一年以后，恢复了检校太师的职衔，知真定府。时间不长，改任都部署，判并州，加同平章事。数月后病故，年 67，赠中书令，谥武惠。咸平二年（999），配飨太宗庙庭。潘美有六个儿子：惟德、惟固、惟正、惟清、惟熙、惟吉。六子都担任宫苑使、崇仪使、平州刺使、军都监等职务，“人咸称其勤敏”。①

潘美之女为宋真宗的章怀皇后，但属于追封，并非“实任”。雍熙二年（985）闰九月，潘美之女嫁宋太宗的第三子赵恒，封莒国夫人。其时，潘美任忠武军节度。端拱二年（989）五月，莒国夫人去世，年 22，葬永昌陵之侧保泰陵。8 年之后的至道三年（997），赵恒方才即位，是为真宗，追封莒国夫人为庄怀皇后。真宗逝后，谥曰“章”，为此潘美之女被仁宗改谥章怀皇后，以从真宗之谥，此时，潘美已经去世。受女儿的影响，潘美被追封为郑王。此说为《宋史·列传第一》记载，而《宋史·潘美传》的记载是：“惟熙娶秦王女，平州刺史。惟熙女，即章怀皇后也。”惟熙是潘美的儿子，秦王即赵德芳，在《潘美传》中说，章怀皇后是惟熙与赵德芳之女所生。从时间上来看，章怀皇后去世于公元 989 年，享年 22 岁。倒转过去，章怀皇后大概比真宗皇帝小 10 岁左右，比秦王赵德芳小 20 岁左右。虽然古人倡导早婚早育，但是只比外孙女大 20 岁的外公还是不可能的。所以说，章怀皇后是潘美的女儿，两部形成于宋代的史籍也佐证了这一观点：《宋会要辑稿·后妃》记载，“真宗章怀皇后，潘氏，忠武节度使同中书门下平章事美之女，雍熙二年闰九月归襄邸……”；杜大珪编《名臣碑传琬琰集·潘武惠公美传》记载，“雍熙二年太宗为真宗娶美次女为夫人……将成礼召美还都，数月归屯所”。

① ［元］脱脱：《宋史》，中华书局 1977 年版，第 8990—8994 页。

《宋史》中潘美的两个情节与文艺作品中的潘仁美相似，一是兵败陈家谷口，杨业战死，潘美负有责任；二是其女为皇后，文艺作品中潘仁美之女为西宫娘娘。在戏剧《潘杨讼》中，潘仁美有两个儿子潘龙、潘虎。刘兰芳的评书《杨家将》中，潘太师又多了一个儿子潘豹。而在现实中，潘进贤的两个儿子“恰巧”名为潘龙、潘虎，并且潘虎为豹所伤。《易县地名资料汇编》记述南白羊村为“始建于宋朝，取‘潘败杨’之意”，这一结论可能是依据这些巧合而来，而对于严肃的史实而言，的确是一段“戏说”和误读。

皇皇国史的确切记载，文艺作品的精彩演绎，一个家族的聚散流布，诸多事件的穿越巧合，派生出无数“悬疑”和情趣，我们不得不承认，艺术和历史在错位交织当中，和“白杨潘”开了一个不大不小的玩笑……

冯熙志墓碑文录

图 82　碑阳

冯熙志墓碑位于易县高村镇西高村北冯氏祖茔内，其地域为易县重点文物保护单位韩信城遗址范围。茔地北靠山梁，西距柳林庄村约六百米，南距高村至神石庄的水泥路约一百米。2009 年 11 月 7 日，被河北省第三次全国文物普查队刘德发、梁国才、刘平喜调查登记为新发现不可移动文物。

墓碑沉积岩质，花纹斑驳，侧面层次清晰。通高 185 厘米，其中碑首高 65 厘米，碑首宽 69 厘米，碑身宽 64 厘米，厚 18 厘米。大体保存完整，碑底一部嵌入座中，碑阴碑文每行概隐 2 字，除局部风化破损外，碑文较清晰，保存尚好。碑阳向南，额首阴刻楷书“水源木本”，竖排两行，行两字。碑文右起竖排，右为“大清光绪三十三年岁次丁未四月穀旦”，中为“皇清诰赠・文林郎、孺人・冯・府君镇藩公、母李孺人・之墓”。如图 82 所示。碑阴额题“典型犹在”，阴刻楷书，竖两行，正文 12 行，满行 33 字，如图 83 所示。

据碑文可知，此碑为墓主冯熙志次子树信（字穀贻）于光绪三十三年（1907）所立。冯熙志是州同知冯鉴塘第四子，生于道光己亥年即 1839 年，卒于光绪丁丑年即 1877 年，寿 39。李孺人生于道光戊戌年即 1838 年，卒于同治癸酉年即 1873 年，寿 36。

冯熙志一族，居高村积年，为易州望族，耕读继世，兼及士农工商各界。文林郎为文官散阶，隋始置，清朝时为正七品。诰赠是明清时期实行的封荫制度，以本人官职封赠父祖。据碑文所述，镇藩公因其长子树仁获赠。与冯熙志相同，冯氏族人专长医学者不乏其人。冯翰章在20世纪30年代开始学西医，是易县学习西医最早的人之一，与清末状元刘春霖等名士交往密切，受赠联句“无数云山供点笔；满江风月不论钱”。冯速之等传承中医易县水学派医术，以石膏治疗“大头瘟”有独到之处。2000年出版的《易县志》当中，收录了冯士英、冯速之、冯步霄三位族人的诗联佳作。碑文撰写者宋廷抡（亦作“纶”），是清咸丰年间举人、西北奇村李湘锦（拔贡李培翰之父）的门生和女婿。李冯两族同为易州世家，皆居于浮陀山下，村闾相邻，互为酬答，兼因宋与毂贻有师生之缘，故相对于镇藩公以“世弟”自称。李湘锦去世时，宋廷抡献挽联：“公真当代名师，合千里外，文人病入甄陶，不仅桑梓沾化雨；我是东床快婿，亲卅年余，道范迄无成就，妄随桃李哭春风。”身份贴切，情感真诚，后人称善。

附：高村冯熙志墓碑记

赠君太学生镇藩公，冯姓，讳熙志，同知州事鉴塘公之第四子也。自少负异秉，从□□/读，每逾程。逮十四岁，群经成诵，能通其大义，使为文，辄洋洋成篇，无事节节为然□□/性高尚，无浮竞，淡于名场，雅不喜时艺，以故未尝应试，论者谓有萧然尘竭外之□□/公父鉴塘公，性豪迈，亦不斤斤世俗名，故于公遂任之而弗之强。及长，工书画，兴□□/至，任笔挥洒，不规规于法家绳墨，而动合自然，且精于医，尝曰：“事此亦济世之一□□/愈于为时艺。”凡所诊治，皆应手瘳。余自少亦学医，尝读其所著方书，投之立效，然□□/其不拘成法，运化从心，医亦如其书与画也。以故公之通经能文，遂以斯三者掩□□/李孺人事翁嫜称孝，处娣姒亦无几微嫌。生子二，长树仁，字爱山，由贡生报捐府□□/公例得封赠如其职；次树信，字毂贻，食饩于庠。孙六，俱英英昌家器。公生于道光□□（推断为“己亥”）/年三月，光绪丁丑年二月考终，寿三十有九。李孺人生于道光戊戌年十二月，同□□（推断为“治癸”）/酉年四月仙逝，寿三十有六。前岁毂贻曾于祖墓侧立石，丐余为文。兹复俾余纪□□以毂贻结师生缘，故直书之弗辞。

本郡恩贡生候选教职世弟宋廷抡□□。

族侄廪生如兰书。

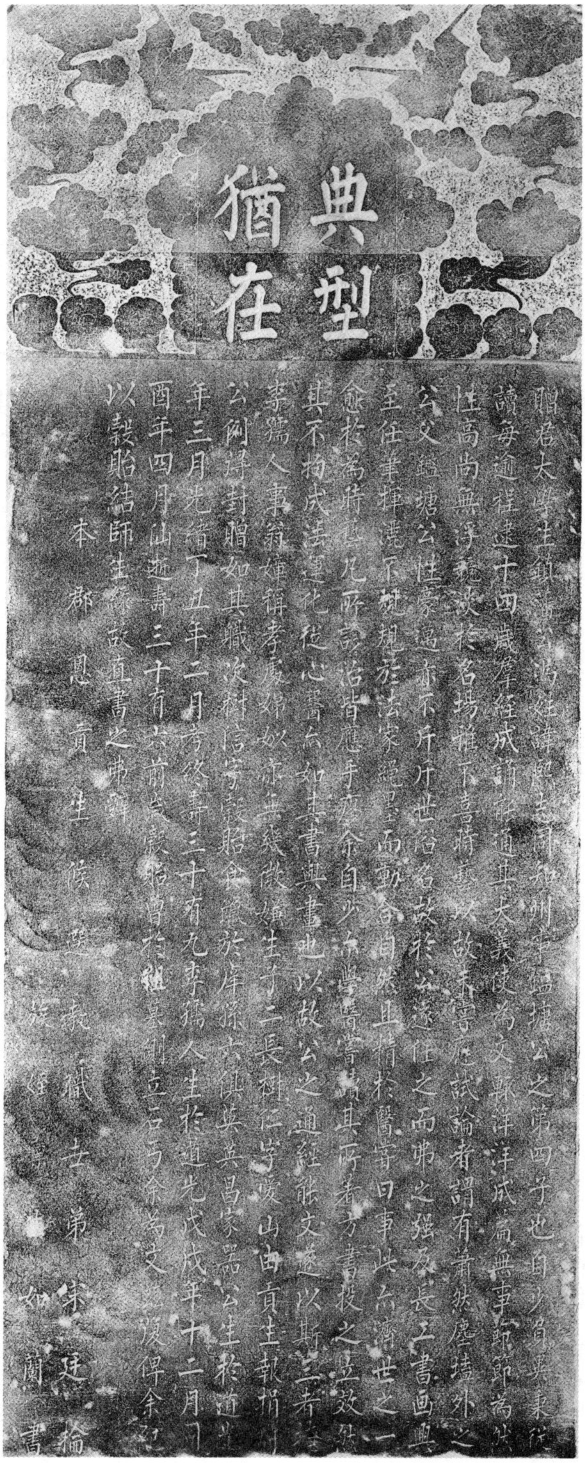

图 83　碑阴

狼牙山棋盘坨民国石碑调查记

2014 年 7 月初，狼牙山景区管理处向易县旅游文物管理局报告，在清理施工场地时发现一通民国年间石碑，位于棋盘坨西侧九姑奶奶庙前。此处原建有九姑奶奶庙，后面上阶有山洞，为三教堂所在。2014 年 7 月 11 日，笔者与狼牙山景区管理处副主任许亮前往狼牙山棋盘坨，对庙宇旧址和石碑进行调查。2018 年 4 月 24 日，再次与中凯集团景区负责人武森宝现场核实有关文字和数据指标。

据当地人士称，早年这座庙宇影响到定兴、徐水、清苑等地。抗日战争时期，杨成武司令员曾在此庙中养病，并作为临时指挥所。1941 年 9 月下旬，日军对狼牙山地区的大规模“扫荡”，就是侦得杨成武和一分区主力在狼牙山发起的。据贾国珍（男，1961 年生，山下东西水村人）等当地人士介绍，此处原有石碑五六通，多在 20 世纪 60 年代被毁，在此次清理场地的施工中，还发现了几件碑刻残块。传说当年杨成武司令员见此碑有兴办教育、保护财产的内容，就对李元忠道长说，共产党是为人民打天下的，也保护宗教自由，我们一定会把老百姓的利益保护得更好。这句话被李道长传播到了乡亲们中间，乡亲们信任杨司令，此碑得以保全。

此碑为易县县长尹公告示保护庙产德政碑，立于民国五年（1916）农历二月下旬，主要记载民国四年时任县知事尹宏庆判断棋盘坨庙产纠纷，发布告示保护寺庙财产的情况。碑为灰色板岩材质，表面呈黑色。高 132 厘米，宽 62.5 厘米，厚 12 厘米。碑阳碑阴两面刻字，字楷体。

碑阳碑首高 44 厘米，阳刻“二龙斗宝”，饰卷云纹，中间阴刻楷书“万代留芳”，自右向左竖排两行，行两字，如图 84 所示。碑文为县知事尹宏庆关于棋盘坨庙产纠纷的告示。碑文 17 行，普通行次满行 52 字左右。落款时间为“中华民国四年十二月十日”。最后一行为“告示实贴棋盘坨庙”，“告示”二字大约 6 厘米。落款日期“四年”之处压有“易县之印”，为碑刻中民国时期易县政府用印的首次发现。印为正方形，边长 6.8 厘米，印文篆书，双行竖排，自右向左，符合当时县公署印章规制，如图 85 所示。

图 84 碑首

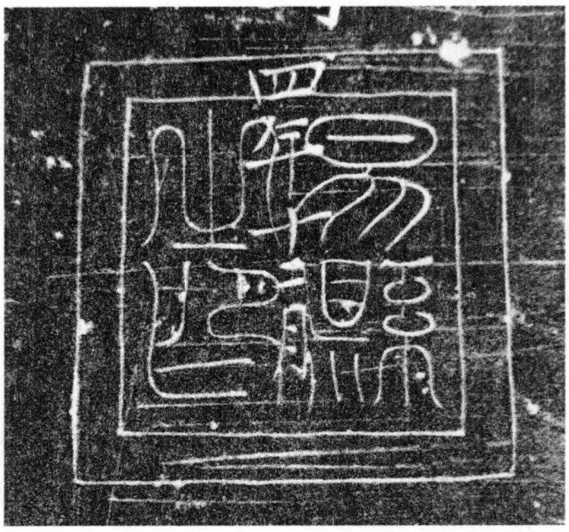
图 85 易县之印

这一印模概由纸质告示之上模拓转刻而成。

碑阴为“大总统袁首命令易县县长尹公告示保护庙产德政碑”。未装饰碑首，顶端自右向左刻楷书“实业传流”。下为碑文，亦楷书竖排，自右向左，“大总统”“内务部”格式与碑阳相同，“巡按使”格式为本行内前留空格，以示突出。正文 23 行，满行 52 至 54 字不等。主要内容为引用大总统申令、内务部饬令，援引县知事告示，申明寺庙财产权益，与碑阳内容大同小异，亦未言及土地、树木位置及四至界限。落款为“中华民国五年杏月上完；清苑县善士郝云龙、李锡桢撰文，高钺书丹；实业棋盘坨道人张诚明、曹诚来，徒马信守、白信忠、刘信顺、李信汝，徒孙张崇耀”。

“易县县长尹公告示保护庙产德政碑”末，列出了撰文书丹者名讳，但查看碑文，只见引用文字，几无撰写内容，书写尚称规矩，但棋盘坨的“坨”书为“柁”，与通行写法有异。落款日期“杏月上完”通常书为“杏月上浣”。旧时每月分上中下三浣，同于现在的三旬，上浣即上旬。县府告示及相应引文中，包含了大量的历史信息。

碑中记载的庙产纠纷案，发生在 1915 年，正处于清末民初寺庙财产政策的转型期。

清朝末年，朝廷推行新政，开展大规模的庙产兴学运动。光绪二十四年五月（1898 年 7 月）下旬，光绪皇帝根据康有为提出的“改诸庙为学堂，以公产为工费”的建议，颁布了庙产兴学上谕，强调：“民间祠庙，其有不在祀典者，即著由地方官晓谕民间，一律改为学堂，以靡费而隆教育。”光绪二十四年六月初七，湖广总督张之洞向光绪皇帝提出了庙产兴学的具体方案：“大率每一县之寺观，取十之七以改学堂，留之三以处僧道；其改为学堂之田产，学堂用之七，僧道仍食其三。”至此，清政府的庙产兴学政策正式形成。

武昌起义后，全国各地争夺寺产的斗争更加激烈。一方面，清末庙产兴学的主要推动者（包括革命派、立宪派和北洋派开明人士）已经掌握了中央和地方的大部分权力，庙产兴学运动也因此变成了地方政府的直接行动。河北省立第八中学首任校长连德纯（字穆如，易县野里店村人，天津北洋师范学校毕业）就是利用寺庙财产增加教育经费的积极倡导者。另一方面，随着中华民国的建立和《中华民国临时约法》的颁布，宗教人士纷纷组织现代社团，利用《中华民国临时约法》赋予的权力，坚决反对强征寺产的行为，双方严重对立，暴力冲突遍及全国，进一步加剧了社会动荡。为了尽快恢复社会秩序，南京临时政府和袁世凯政府对寺产所有权做出了政策性规定。

1915 年 8 月 7 日，由内务部总长朱启钤具名的《内务部请明令保护佛教庙产致大总统呈》递交袁世凯，称“民国肇建，信教与财产之自由载在《约法》”，提出明令保护寺庙财产办法，“伏乞大总统钧鉴，训示施行”。8 月 10 日袁世凯即予批准。8 月 20 日，内务部发出《内务部请饬属保护寺院财产致各省巡按使都统咨》，全文转述了大总统的申令，要求各巡按使、都统查照，转饬所属各该地方官一体遵照。具体内容碑文之中已经载明，不再赘述。

碑文所记载的庙产纠纷诉讼，即发生在内务部咨文下发之后。双方均据此主张权利，县执事尹宏庆亦据此判决，并出具告示。告示中叙述了岭东小学校长袁久远、棋盘坨道人曹诚来及张恩和等人的地产纠纷过程、判断依据和结果：棋盘坨道人曹诚来自认捐出香火地七亩，以补充学校经费不足。后曹反复，邀集张恩和（道名张诚明）等四人到学校要求把土地退出，袁即上告县知事。知事尹宏庆根据大总统命令及巡按使、内务部的饬令，断定原捐土地不得反悔，曹诚来尚有的土地七亩及花果树一百余株不得借端侵占，并出具告示，晓谕棋盘坨附近各村绅民人等。告示张贴在棋盘坨庙中，碑阳文字应当是告示的原有内容。当事一方将判断结果刻石树立，堪称百年前财产保护制度的见证者。

碑文之中，涉及“示、呈、咨、令、禀”等多种民国初年的公文文种，“等因奉此”等许多今已绝迹的公文用语，当时的行文格式、官署设置等，信息较为丰富。

《秘书工作》1994 年第 10 期第 31 页至第 33 页，刊登了安徽省肥西县经济委员会张晓胜《民国初期公文程式的演变》一文。文章介绍：1911 年，中国结束了持续两千多年的封建专制制度。1912 年 1 月在南京成立中华民国临时政府。南京临时政府规定公文分令、谕、批、示、公布、状、咨、呈、照会 9 种。1912 年 3 月袁世凯上台，起初沿用南京临时政府公文，11 月公布公文程式令。公文程式文种略有所变，如令分大总统令、院令、部令、委任令、训令、指令和处分令，谕、示改为布告等。1914 年 5 月，袁世凯政府公布第二个公文程式。公文程式分为三部分：一是大总统公文程式。规定任免官员、颁予爵位或勋章用策令，公布法律、教令、预算及指挥训示官员用申令，对人民宣示用告令，批复官署陈请用批令，与立法院行文用咨。二是政事堂公文程式。规定国务卿奉大总统谕与各部院行文用寄封或交片，与地方最高官署行文用寄封，各部院、地方最高官署向政事堂行文用咨呈，国务卿与各部院和地方最高官署相商情事用公函。三是一般官署公文程式。规定官署向大总统陈请用呈，事关机密者用密呈，下级官署向上级官署陈请用详，事关机密者用密详，上级官署对下级官署指挥、监督、委任用饬，各部院对各地方最高官署及地位相等的官署之间行文用咨，地方最高官署对中央各部院陈请用咨呈，官署对人民宣示用示，上级官署对下级官署及官署对人民陈请之准驳用批，人民向官署陈请用禀。

碑文之中，多有“等因奉此”等语，今已鲜见踪迹。“等因”和“奉此”都是当时公文用语，“等因”用来结束所引来文，“奉此”用来引起下文。准此，意为按照这样办理，旧时常用于对下级和平级的公文。等情，为旧时公文、文契用语，常用于叙述下级机关等的来文终了时。

虽然在 1912 年民国政府公文程式中，已经废除了封建文书的避讳、抬写制度，但在此碑中，“大总统、巡按使、内务部”仍采用抬写格式，“大总统”为顶天格，三字均高出行首。

“易县县长尹公告示保护庙产德政碑”虽地处偏僻，文书粗率，却集中上行文“禀”“呈”，下行文“示”“令”和平行文“咨”，是一个从中央到地方、从元首到平民公文应用实例的完整系列，不啻为民国公文制度的活化石。

碑文之中，对于当时民国中央和地方的官署设置多有述及：

内务部于民国元年（1912），南京临时政府始设，受大总统管辖。主管为总长，以次长为佐官。北京政府成立后，内务部与各部均属国务院，朱启钤为时任内务总长。

“巡按使”为省级行政长官，民国初期称“都督”，后改称“民政长”，1914 年，改为“巡按使”。

碑阴起首，称“易县县长尹公”，其时，县级行政长官的正式称呼为“知事”，“县长”之称到 1927 年才得以确认。时任县知事尹宏庆，山东高唐人，清朝举人，1914 年 8 月莅任。任初发展生产，组织抗蝗，有所好评。1916 年 4 月，也就是此碑树立一个月之后，因奉命清丈地亩，核算赋税，引发“东八社”民变，被挟赴京诉讼而去职。

附录文

1. 碑阳：万代留芳（如图 86 所示）

易县知事尹为出示晓谕事案：查，前据岭东小学校长袁久远等禀称，棋盘柁道人曹诚来自认提抽香火地七亩，拟补学款/之不足。曹诚来仍有自种地七亩，花果树百余株，每年卖钱一百余吊，颇可糊口，业已禀明立案。曹诚来后又反复，邀来张恩和即张诚明等四/人赴学校，定着将抱款之地七亩给伊等退出，身不敢擅专，乞传讯等情，当经传案讯。据曹诚来等供称，曾奉/大总统命令，各处庙产不准借端侵占，违者依法治罪。查，本年九月九日，奉/巡按使六千六百三十号饬开，“为通饬事案，准内务部咨开，‘八月十日，奉/大总统申令：据内务部呈称各省寺庙财产争讼纠纷，请明令保护，以维宗教而资信守等语。民国肇建，于法律［范］围以内，均有信教财产之/自由。惟改革之初，土豪莠民往往借端侵占，控诉之案纷纭不决，关系于僧侣庙产者尤多。嗣经该部规定寺院管理暂行规则，藉示限制，而诉/讼旧案往往缠抗不休。此等庙产或由于教徒之募集，或由于人民之布施，其所有权未经让与以前，当然属诸寺庙。应由该部通饬/地方官吏，对于寺庙财产，责成该管官切实保护。除僧侣热心公益，自愿捐输，仍准禀明立案外，均应严禁侵占，违者依法治罪。关于庙/产构讼事件，秉公清结，毋任宕延。其在该部寺庙管理规则公布以前，事实业经解决，权利早已移转，自当不溯既往。截清旧案，仍查明/当时让于之教徒，由该部量予褒扬，并准予原捐地方勒石表彰，以昭平允。总之，保护民间财产为地方官之应有之职权，国家一视同/仁，断不容营私罔利之徒横加蹂躏。将此通令知之。此令。等因；奉此，除分行外，相应照录申令，咨行查照，转饬所属各该地方官厅，一体/遵照可也。’等因；准此，除登报通饬外，合行饬仰该知事，即便遵照办理。此饬。”等因；奉此，惟前筹入学堂地七亩系在/大总统命令之前，未便援照办理，自应将前筹入学堂之地七亩仍照前议办理，该道人等称，亦情愿将该地七亩捐入学堂，恳请给谕/勒石，以便照示将来，免再侵夺。现有庙产自应照准保护，除将前筹入学堂地七亩断归该校外，合行出示晓谕。为此示仰/棋盘枪附近各村绅民人等，一体知悉，自示之后，该庙所有财产土木一体保护，概不得借端侵夺。各宜遵照，切切。特示。

中华民国四年十二月十日。

告示实贴棋盘柁庙。

2. 碑阴：实业传流(如图 87 所示)

大总统袁首命令、易县县长尹公告示保护庙产德政之碑。中华民国肆年捌月拾号，奉/大总统申令：据内务部呈称，各省寺庙财产争讼纠纷，请明令保护，以维持宗教而资信守等语。民国肇建，于法律范围以内均有信教财产之/自由。惟改革之初，土豪莠民往往借端侵占，控诉之案纷纭不决，关系僧侣庙产者尤多。嗣经该部规定寺院管理暂行规则，借示限制，而/诉讼旧案往往缠抗不休。此等庙产或由于教徒之募集，或由于人民之布施，其所有权未经让于以前，当然属诸寺庙。应由该部通饬地/方官吏，对于寺庙财产，责成该管官切实保护。除僧侣热心公益，自愿捐输，仍准禀明立案外，均应严禁侵占，违者依法治罪。关于庙产构/讼事件，秉公清结，毋任宕延。其在该部寺庙管理规则公布以前，事实业经解决，权利早已移转，自当不溯既往。截清旧案，仍查明当时让/于之教徒，由该部量予褒扬，并准予原捐地方勒石表彰，以昭平允。总之，保护民间财产为地方官之应由之职权，国家一视同仁，断不容营/私罔利之徒横加蹂躏。将此通令知之。此令。中华民国四年十二月十号，奉易县知事尹公告示，为出示晓谕事案：查，前据岭东/小学校长袁久远等禀称，棋盘柁道人曹诚来自认提抽香火地七亩，拟补学款之不足。曹诚来仍有自种地七亩，花果树百余株，每年卖/钱一百余吊，颇可糊口，业已禀明立案。曹诚来后又反复，邀来张恩和即张诚明等四人赴学校，定着将报款之地七亩给伊等退出，身不/敢擅专，乞传讯等情，当经传案讯。据曹诚来等供称，曾奉/大总统命令，各处庙产不准借端侵占，违者依法治罪。查，本年九月九日，奉巡按使六千六百三十号饬开，“为通饬事案，准/内务部咨开，‘八月十日，奉/大总统申令：据内务部呈称，各省寺庙财产争讼纠纷，请明令保护，以维宗教而资信守等语。民国肇建，于法律范围以内均有信教财产之/自由。惟改革之初，土豪莠民往往借端侵占，控诉之案纷纭不决，关系于僧侣庙产者尤多。嗣经该部规定寺院管理暂行规则，借示限制，/而诉讼旧案往往缠抗不休。此等庙产或由于教徒之募集，或由于人民之布施，其所有权未经让于以前，当然属诸寺庙。应［由］该部通饬地方官/吏，对于寺庙财产，责成该管官切实保护。除僧侣热心公益，自愿捐输，仍准禀明立案外，均应严禁侵占，违者依法治罪。关于庙产构讼事/件，秉公清结，毋任宕延。其在该部寺庙管理规则公布以前，事实业经解决，权利早已移转，自当不溯既往。截清旧案，仍查明当时让于之/教徒，由该部量予褒扬，并准予原［捐］地方勒石表彰，以昭平允。总之，保护民间财产为地方官应有之职权，国家一视同仁，断［不］容营私罔利之/徒横加蹂躏。将此通令知之。此令。等因；奉此，除分行外，相应照录申令，咨行查照，转饬所属各该地方官厅，一体遵照可也。’等因；准此，除登/报通饬外，合行饬仰该知事，即便遵照办理。此饬。”等因，奉此。惟前筹入学堂地七亩系在/大总统命令之前，未便援照办理之。应将前筹入学堂之地七亩仍照前议办理，该道人等称，亦情愿将该地七亩捐入学堂，恳请给谕勒石，以/便照示将来，免再侵夺。现有庙产，自应照准保护，山厂之卫殳，出示晓谕。为此，示仰棋盘柁附近各村绅民人一体知悉。切切，特示。

中华民国五年杏月上完清苑善士郝云龙、李锡桢撰文；高钺书丹；实业棋盘柁道人张诚明、曹诚来，徒马信守、白信忠、刘信顺、李信汝，徒孙张崇耀。

注：录文中［］内字系原碑无，为不影响文义，据同碑内容添加以资参照。

图 86　碑阳

图 87　碑阴

刘兴沛题联石柱及有关人物考释

一、石柱基本情况及名称浅议

刘兴沛题联石柱，惯称“修毛石柱”，原存于易县衙署，现为易县文物保管所馆藏。

镌刻这副对联的石柱，青石质，呈四面柱体，各面宽约40厘米，高约140厘米，棱柱四角为小斜面割角。四面刻有文字，皆竖行。主体为“修心能若谷；毛草可为村”的行书对联，系民国二十二年（1933）五月，时任易县县长刘兴沛书写，下署“云章刘兴沛题书”。上联的右面为两行楷书：“大其心容天下之物，虚其心受天下之善。”背面和左面为《重修易县公署憩园记》，正文10行，满行24字。落款为“中华民国二十有二年五月，抚顺赵无梦记，绍兴寿鹏飞书”。下联的左面为两行楷书：“平其心论天下之事，定其心应天下之变。”背面至右面为《谷村记》，正文7行，满行33字。落款为“刘再雯谨记并书，中华民国二十二年五月立”。如图88所示。

憩园是县署内的一座小型园林，位于县署东南，有三亭十二桥之景。刘再雯是刘兴沛次女，生于日本，时随父在任所。根据其《谷村记》记述，谷村在憩园之北，广约二亩，因其“蓁莽荒秽，不堪入目。吾父遂招工辟之，以为种花植树之所，四周隆起，中则下低，因名之曰谷村。谷者窪也，《老子》有言‘洼则盈’，取其谦益之意也”。这两座石柱就竖立在谷村之门，其联以“谷村”二字收尾，正应于其名。如此看来，此联为凤尾联格式，联语及石柱以“谷村”简称方为确切。

二、鲁迅的塾师寿鹏飞

《重修易县公署憩园记》是“谷村”石柱的内容之一，撰写者自署“抚顺赵无梦记”，其生平行迹不见于记录。

碑文书写者寿鹏飞，是民国《易县志稿》的总纂者，浙江绍兴人，由于以前对寿

图 88　组合拓片

公知之甚少，笔者及部分同人以为先生属才学出众的“绍兴师爷”一类。其实，寿鹏飞是著名学者，尤其于红学和方志学建树颇丰，载入《红楼梦大辞典》。

浙江绍兴上虞胡文炜《寿鹏飞逸事》收录于寿永明、裘民雄编著，浙江大学出版社 2010 年 1 月出版的《三味书屋与寿氏家族》一书第 145 页至第 147 页。文中记载，寿鹏飞（1873—1961），谱名祖泗，字洙邻。鲁迅《从百草园到三味书屋》所称先生，即寿鹏飞的父亲寿镜吾。寿镜吾生于 1849 年，20 岁中秀才，他认为时值乱世，不可出头露面与当局合污，便不再继续应试，且剧烈反对子女当官。寿鹏飞 1891 年考中秀才，名列全县第一，因其父反对再试，便协助教书并管理私塾。由于寿镜吾不喜八股文，凡八股，则由寿鹏飞来教，所以寿鹏飞也是鲁迅的塾师。寿鹏飞虽教八股，但比较灵活。在他的影响下，鲁迅开始记日记，写诗，并阅读课外书，如《明季稗史汇编》等野史就是寿鹏飞借给他的。

1903 年，寿鹏飞到省城杭州，以廪生考取优贡，即非正科年份的选拔特考。次年是慈禧七十大寿，朝廷决定举行全国优贡会考，寿鹏飞在母亲的支持下，进京赴考，取得甲辰科朝考一等第一名，获“朝元”称号（因不是进士会考，不能称为状元）。不久任吉林农安县知县。寿鹏飞实业救国志向被熊希龄所看重，民国后熊出任热河都统，寿鹏飞调任热河行政公署秘书长兼总务处长。1913 年熊任内阁总理，寿被委为山东盐运使。熊因不满袁世凯所为，五个月后辞职。寿鹏飞也去职，自到东北购北大荒土地数千亩，用于种植、采矿。后来到北京，购入清代贝子将军府署，并再进政界，任平政院（北洋政府设立的从事行政审判和行政监察的机构）首席书记官。1919 年的五四运动中，爱国青年遭军阀逮捕，寿鹏飞积极参与营救。

1928 年，平政院解散，寿鹏飞脱离政界，潜心著述，出版了多部著作。1937 年日寇侵占华北，成立伪“华北自治政务委员会”，欲邀寿出任组织委员，为寿所拒绝。在农安任知县时，寿鹏飞著有《农安县志》《农安县政治报告书》及《调查日本北海道拓殖报告书》。在热河任上，写了《热河改建行省建议及建筑京热铁路建议书》，此建议后得实行。在平政院时，写了著名的《红楼梦本事辩证》，为蔡元培所看重。离开政界后，写了《历代长城考》《方志通义》，均被学界所重视。此外，还著有《易县志》《东北水道源流考》及诗词、笔记等文稿。

图 89 寿鹏飞书款

民国《易县志稿》于民国十九年（1930）由时任县长冉杭发起创修，后历井守文、宋文经、刘兴沛、俞荣庆、张雨苍、常耀奎等数任县长，至 1937 年成稿。“谷村”石柱刊刻树立时，正值县志纂修期间。寿公于吉林多年，刘兴沛、赵无梦著籍东北，且刘兴沛所至亦以修纂志乘、兴办教育为要，其间难免渊源深厚。以谷村石柱树立为契机，留存一代“朝元”的笔迹，于易水而言可称幸事。

三、被误读的刘兴沛和他的日籍夫人

2000年出版的《易县志》收录“谷村”联，对作者的介绍是：“刘兴沛，辽宁开原人，留学日本，1933年被委任为易县县长。刘为政清廉，深得民心。其妻是日本人，抗日战争中投靠日本，身败名裂。”这一记录与刘兴沛的实际情况出入很大，来易任职时间也与本志卷五的记载不一致。

2001年，刘兴沛之孙刘大盎来易寻访，向我们介绍了其祖父和家庭情况。2009年3月5日，署名“daang”的新浪博客发表的博文《颠沛未敢忘忧国》，让我们对刘兴沛的了解更加系统和全面，后来得知，此文已经发表在《纵横》杂志2007年第1期，载于第62页至64页。刘兴沛，字云章，1892年生于辽宁开原古城堡村。前辈是从山东登州府蓬莱县逃荒过来的，时间已无从考证。刘兴沛在兄弟五人中排行最小，婚后生有一男一女。1910年他赴日本留学，后毕业于明治大学法学院。在留学期间，他结识了他的日本夫人，再婚回国时带回了日本妻子和不满周岁的女儿刘再雯。九一八事变前后，刘兴沛曾任哈尔滨市市政筹备处长、国民政府外交部驻吉林特派员、吉林铁路交涉局总办。哈尔滨沦陷后，伪满当局曾力邀他留下，当时以他留日的经历和夫人的日籍身份，享受高官厚禄是很自然的，但是日本夫人坚决促使他离开东北，经过化装亲自目送他上船离开。

从20世纪30年代开始，刘兴沛在关内五省十县做过多年的县长。他为官清廉，注重教育，兴建学校，改善监舍，减杂税，调民事，建桥补路，修葺名胜。在宛平任上主持了拓建北京广安门至宛平县道路工程。

1932年6月至1933年6月，任易县县长，简政务实，不听奉承，整修官署，亲力亲为。1934年前后，调任交河县（1983年撤县，并入泊头市）县长。下车伊始，着手整顿教育，并将南庄学校改为县立。第二年将南庄西校与富镇完小合并，改为县立南富完全小学，聘请南汉宸先生出任董事长。

1936年，调任甘肃省第二区行政专员兼平凉县县长，其间主修了《平凉县志》四卷。在任期间罢苛捐一万七千余元，舆情欢腾，其清廉爱民尤为十余年所仅有，士绅送“万家生佛”匾以褒扬。西安事变前夕，他同高崇民、王以哲、卢广绩等好友计议，力主联共抗战。1936年10月14日，张学良在邓宝珊和刘兴沛的陪同下来到平凉中学礼堂，向平中、平师、女师三校及平凉第一高等小学的师生慷慨陈词，激起了师生抗日救国、反对内战的爱国义愤。当西安事变的消息传到平凉，国民党县党部、县政府要员纷纷逃离，他当晚即派人到监狱宣布张、杨八项主张，释放政治犯。接着成立了“平凉人民委员会”，由他主持维持地方政权等各项工作。19日，平凉各族各界四千余人，在平凉商场（今人民广场）召开“市民大会”，他同驻军代表和工人代表张可夫一起就座台上，大造抗日救亡声势，派共产党员王岐三接办《新陇日报》，并改称《人民日报》。该报报道了西安事变及平凉各界庆祝大会等消息以及工人救国会、学生救国会等组织的活动情况，于1937年元月正式出版，突出宣传西安事变和平解决的方针和抗日救亡的主张。当时红三十二军、二十八军组成的追击军驻防平凉，他同六十七军、城防师吴克仁、金奎璧等领导人与红军追击军司令员罗炳辉、政委宋任穷会见，并供给红军物资以示支持慰问，推进国共合作。

1937年12月，刘兴沛携子刘雯荟随中央政治学校研究部陕桂行政考察团赴延安，毛泽东等领导人接见了刘兴沛等一行，并就当前的形势交换了意见。刘兴沛在会谈中表达了“抗战必胜，建国必成”的意愿，并在窑洞前同毛泽东合影留念。

西安事变后，刘兴沛和许多东北故旧同人一样，受到了国民政府的裁遣和排挤。1938年以后先后任陕西镇坪县和渭南县县长。1942年，受开原同乡、同学、新疆督办盛世才邀请，去做迪化市市政委员会委员长，后因亲共被羁押，在狱中受尽酷刑。1945年抗战胜利后出狱。1948年，亲家给他及子女订了赴台湾的机票，但他毅然决然携全家留在了大陆，彻底背弃了旧政权。新中国成立前夕加入中国民盟。

1950年，刘兴沛赴湖南参加土改工作，他满腔热忱地记述了此行的心得体会，文中洋溢着对新时代、新社会的憧憬和热爱，表示“一定要虚心学习，贡献余生，做个毛主席的好学生”。1957年，65岁的刘兴沛不顾年迈，回老家开原做了深入细致的调查研究，就当时的农村合作化状况，总结了“十六”条建议，并在政协的会议上作了《农村整风不能延迟太久》的发言，被刊登在报纸上。谁料一场疾风暴雨来临，他因此被定为“反党反社会主义”右派。1958年以后，刘兴沛赋闲在家。1966年被残酷毒打致死，后平反。

刘县长的日本夫人刘静姝，本名田山笔子（在中国从未用过），出生在日本东海岸茨城县北户市，嫁给刘兴沛后在中国生活了30年。她很快适应了语言不通、生活方式迥异的环境，并成了典型的中国式贤妻良母。她到中国的第二年生下一子，小孩喃喃学语开始，接受的竟是日本母亲的标准中国话。当时这种家庭的孩子往往是两国语言都能说，但他俩生的三个孩子没有一个会说日语的。她的用心很单纯简单：嫁了中国人，又入了中国籍，就是中国人，决不能使子女受到日本生活习惯和文化教育的影响。九一八事变后，她坚决送走丈夫，又拖儿带女逃离东北，为的就是不使丈夫受千古唾骂，不使子女当亡国奴。她的所作所为，使逃到关内的东北亲朋无不称道和敬佩。当时“东北抗日救亡总会”的负责人常在她家开会，他们从不避讳这位“日本人”。在抗日战争最严峻的时刻，儿子刘雯荟正在西南联大读书，为积极响应知识青年从军抗日，参加了国民党空军。

四、“四心”书写者刘雯荟

长期以来，镌刻在石柱上的“四心”书写者一直是一个谜：未署名字，与刘兴沛书法差异明显，书写者究竟是谁？2001 年刘大盎来访时，我们专注于刘兴沛的故事，没有留意是否谈及“四心”书写者。

2013 年 7 月 2 日上午，北京交通大学退休教授、高思学校校长徐鸣皋和夫人王应云老师的来访，将这副对联背后许多的人和事展示在世人面前。

刘雯荟是刘兴沛幼子，刘大盎之父。1936 年 12 月，刘雯荟随父去延安考察。父亲早闻毛泽东好吸香烟，随带“大前门”香烟一大箱，做见面礼奉上。毛泽东在刘雯荟的纪念册上题写“打回老家去”。

刘雯荟去延安考察的目的之一是考察延安抗大，准备到那里参加学习，但在这时，国民党空军录取他为飞行学员，由于求战心切，他选择了后者。抗日战争中，他参加过多次对日作战，曾飞越过驼峰航线。新中国成立以后，刘雯荟到北方交通大学（现北京交通大学）工作。1964 年，徐鸣皋大学毕业后分配到这个学校，与刘雯荟成了同事。徐教授的夫人王应云是著名清史专家王钟翰之女，原为中央民族大学的计算机老师，现已退休。刘雯荟的夫人是她在人大附中上学时的语文老师。他们此行的目的就是受雯荟老人所托，寻找刘县长等人当年的笔迹。2001 年，刘大盎仅得到了刘县长所书对联拓片，由于天气等原因，其他内容未能如愿。2009 年，大盎先于雯荟老人而去，对老人来讲的确是不小的打击，也使寻访日程显得更加紧迫。而受委托的徐教授夫妇，由于常年忙于奥数教育和频繁地出国比赛考察，时间非常珍贵。

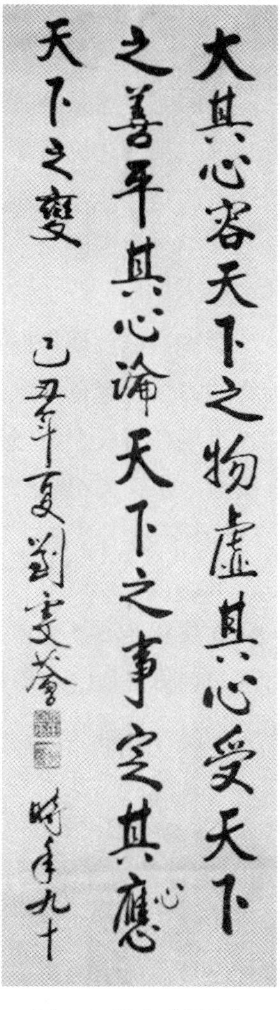

图 90 新书“四心”

据徐教授介绍，雯荟老人急于寻访的另一个原因是，“四心”是老人十多岁时书写的，他的家中陈列着老人后来写的这四句话。长期以来，我们一直在思考，为什么“四心”书法水平与刘县长差距明显，究竟是什么人写的。此刻，这个谜团云开月明：一个十多岁孩子写出如此规整的楷书已经是非常深厚的功力了。“四心”出自唐代施肩吾撰、李竦编《西山群仙会真记》，原文是：“大其心容天下之物、虚其心受天下之善、平其心论天下之事、潜其心观天下之理、定其心应天下之变。”刊刻石柱时，选用了其中的第一、二、三、五句。四川大邑县刘氏庄园博物馆中，也有“谷村”联和“四心”的书法。庄园是大地主刘文彩和四川军阀刘文辉的旧宅，二人系亲兄弟，刘文辉起义后参加革命，新中国成立后任水利部长。同样的文字内容、相似的名字读音，这种趣事不知是有意为之，还是偶然的巧合。由于当天天气过曝，无法制拓，只能找出两份现有的“谷村”联交徐教授先期带回，回复雯荟老人，其他内容约以 7 月 20 日左右请徐教授来取。

7 月 24 日 9 时许，徐教授夫妇再临易县，带来了王钟翰先生的有关著作，赠予张朋鸣、李文通和我，同时带来了雯荟老人 2009 年书写的“四心”条幅，这令我们喜出望外——跨越八十年的书法对话实现了。十多天的时间，张朋鸣所长起早贪黑，赶拓了石柱的全部内容，满足了老人的愿望。

徐教授谢绝了我们的挽留，匆匆告别。徐教授告诉我们：7 月 2 日下午，雯荟老人住进了医院，这是第三次因脑出血入院了，这么大的年纪，真说不好哪一会儿就会熄灯。好在神智还算清楚，当看到父亲的书法拓片时，非常激动地表示了对我们的感谢。这件书法是从他过去作品中选出来的。现在二人急于回良乡医院，要让老人尽早见到这些文字。我们感动于徐教授为了朋友所托而奔波，更希望我们的工作能够给老人一些安慰。

后来，徐教授告诉我们，雯荟老人见到当年姐姐和自己书写的文字，好像获得了神奇的力量，奄奄一息的病体奇迹般地恢复了元气。四年之后的 2017 年 7 月 12 日凌晨，当年在石柱上留下笔迹的最年轻者雯荟老人以 98 岁高龄含笑九泉，长眠于北京十三陵地区水泉沟纪念林。

附：

重修易县公署憩园记（如图 91 所示）

旧制廨署辄具园亭之胜，匪侈宴游，盖以从政者终岁勤劳民/事，案牍余闲，借以陶养天龢，澄清志虑，昔人所谓“养得胸中一/段春”，意在斯乎。易县公署，旧有憩园，广可数晦，有亭三：曰退思、/曰静观、曰望亭，有圃曰谷邨，有桥曰十二桥，山则叠石，水则引/流，虽无巨观，颇具邱壑。惟是官衙传舍，葺不以时，渐多颓废。开/原刘君兴沛，来牧兹土，既及期月，政成人和，百废具举，盗贼不/作，讼狱衰息。遂以其暇，重新是园，阙者补之，仆者起之，芜者锄/之，倾者扶之。布置既竟，各得其所，不侈改造之高谈，而以先复/旧观为初步，亦犹其平日为治之心也。工兼旬而竣，谷邨之门/有石柱，尚无题字。无梦寄读园中，因为记其重葺之岁月焉。

中华民国二十有二年五月，抚顺赵无梦记，绍兴寿鹏飞书。

谷村记（如图 92 所示）

憩园之北有隙地焉，广约二亩许，蓁莽荒秽，不堪入目，吾父遂招工辟之，以为种花植/树之所。四周隆起，中则下低，因名之曰谷村。谷者洼也，《老子》有言“洼则盈”，取其谦益之/意也。东有茅亭，西有群木，间为花圃，以瓦围之，形模不一。其中大者为规圃，点以石池。小者有棠花，有微星，有葫芦，有亏月，无不婉然可爱。花容草色，红绿相间，日影甃光，映/然照射，此情此景，为欲绘而不能之天然图画也。吾父为官多年，自平津而吉林、而滨/江，今岁在此，未知明年又在何处。雁有声，鸿有爪，人之所过，岂能无迹。予一少女耳，随/父飘泊，如萍在水，心之所感，不能自已，遂爰笔记之，以志不忘云尔。

刘再雯谨记并书。

中华民国二十二年五月立。

图 91　重修易县公署憩园记拓片

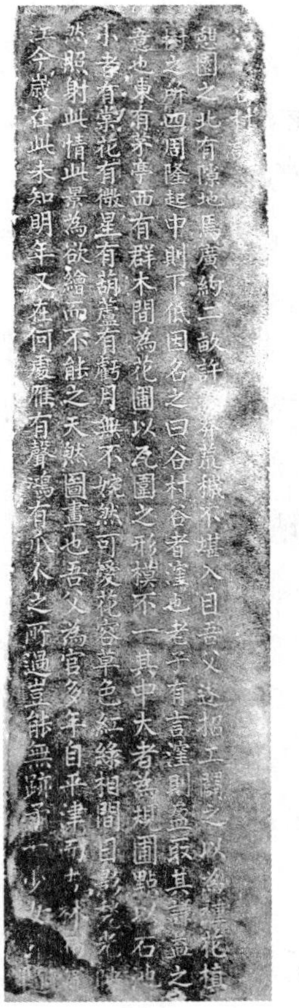

图 92　谷村记拓片

主要参考文献

［1］北京图书馆金石组．北京图书馆藏中国历代石刻拓本汇编［M］．郑州：中州古籍出版社，1989．

［2］乐史．太平寰宇记［M］．北京：中华书局，2007．

［3］戴敏，戴铣．易州志（宁波天一阁藏本）［M］．明弘治十五年（1502）．

［4］蔺民孚，朱懋文．易水志［M］．清顺治二年（1645）．

［5］韩文煜．易水续志［M］．清康熙十九年（1680）．

［6］于成龙，格尔古德．畿辅通志（京都大学图书馆藏近卫本）［M］．清康熙二十一年（1682）．

［7］唐执玉，刘於义，李卫．畿辅通志（哈佛燕京图书馆藏本）［M］．清雍正十三年（1735）．

［8］杨芊，张登高，胡作炳．直隶易州志［M］．清乾隆十二年（1747）．

［9］李鸿章，黄彭年．畿辅通志（北洋官报兼印刷局石印本）［M］．清宣统二年（1910）．

［10］傅增湘，周肇祥，江翼云等．涞易纪游［J］．艺林月刊（游山专号），1934（2）．

［11］孟桂良．易县碑目［J］．北平燕京大学考古学社社刊，1937（6）．

［12］魏徵．隋书［M］．北京：中华书局，1973．

［13］张廷玉．明史［M］．北京：中华书局，1974．

［14］欧阳修，宋祁．新唐书［M］．北京：中华书局，1975．

［15］脱脱．金史［M］．北京：中华书局，1975．

［16］宋濂，王祎．元史［M］．北京：中华书局，1976．

［17］脱脱．宋史［M］．北京：中华书局，1977．

［18］董浩．全唐文［M］．北京：中华书局，1983．

［19］李吉甫．元和郡县图志［M］．北京：中华书局，1983．

［20］杜佑．通典［M］．北京：中华书局，1988．

［21］寿鹏飞. 易县志稿［M］. 北京：学苑出版社，1990.
［22］闵智亭. 道教全真派五祖七真金元高道传［M］. 北京：中国道教学院，1990.
［23］徐无闻. 甲金篆隶大字典［M］. 成都：四川辞书出版社，1991.
［24］张澍. 姓氏寻源［M］. 长沙：岳麓书社，1992.
［25］傅振伦. 七十年所见所闻［M］. 上海：华东师范大学出版社，1997.
［26］陈瑞泉. 易县志［M］. 北京：中央编译出版社，2000.
［27］侯璐. 保定名碑［M］. 石家庄：河北美术出版社，2002.
［28］任继愈. 新版宗教史丛书［M］. 南京：江苏人民出版社，2006.
［29］刘大盎. 颠沛未敢忘忧国［J］纵横，2007（1）.
［30］刘魁立，张旭. 中国姓氏［M］. 北京：中国社会出版社，2008.
［31］寿永明，裘民雄. 三味书屋与寿氏家族［M］. 杭州：浙江大学出版社，2010.
［32］朱熹. 论语集注［M］. 北京：商务印书馆，2015.
［33］吕宗力. 中国历代官制大辞典（修订版）［M］. 北京：商务印书馆，2015.
［34］元好问. 中州集［M］. 北京：中华书局，2018.

后　记

十年孕育，一朝面世，《易水访碑记》即将付梓之际，难以抑制内心激动，故为此记聊述始末。

先贤有言：一室之不治，何以天下家国为？撰写本书，起始于对祖茔碑记的敬重，记载家族历史的《潘氏茔记》赋予我访碑的原始动力。结合第三次全国文物普查，2011 年，笔者撰写了第一篇述碑文章《潘世荣墓与“白杨潘”世系考略》。此后的访碑之路，非能力所胜任，实责任心使然。习近平总书记强调指出：“要治理好今天的中国，需要对我国历史和传统文化有深入了解，也需要对我国古代治国理政的探索和智慧进行积极总结。”碑刻作为重要的历史文化信息载体，是落实总书记要求，进行学习研究的重要资料。易水文化博大精深，碑刻瑰宝灿若星河，本人忝居文化旅游工作者行列，于此付出努力，岂可推托懈怠！

最为幸运的是，易水访碑之路际遇中国特色社会主义新时代，中华优秀传统文化传承保护，作为社会主义文化自信培根铸魂之举，被列入重要议事日程。访碑思路萌动之时，县领导给予肯定和鼓励，举旗定向，确立了研究工作“以挖掘阐发传统文化时代价值为核心”的明确方向，并多次现场指导调查。历任局领导于文化旅游管理机构改革前后，持续为访碑之路加油助力。易水学人于正万偕行访碑之路，执机拍摄大量图片；李连柱、董亚非、赵永利、张朋鸣、隗今鸣、丁志钢诸同道援手制拓，留存珍贵资料；笔者文史工作领路人张洪印、方华先生与李文通、邢宏伟、于军、赵文彰、白建军、张学明、李国月、马广宇诸友，给予历史文化和碑文识认方面的悉心提点；业师吴磬军教授实时关注工作进展，传道解惑，并援翰题名；国家出土文献与古文字学科带头人杨宝忠